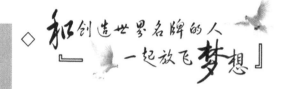

『和创造世界名牌的人一起放飞梦想』

咖啡飘香星巴克

kafei piaoxiang xingbake

◇ 吕品晶 ◆编著

吉林出版集团有限责任公司

图书在版编目（ＣＩＰ）数据

咖啡飘香星巴克/吕品晶编著.--长春:吉林出版集团有限责任公司,
2014.8

（和创造世界名牌的人一起放飞梦想）

ISBN 978-7-5534-4070-5

Ⅰ.①咖… Ⅱ.①吕… Ⅲ.①舒尔茨，H.—生平事迹—青少年读物
Ⅳ.①K837.125.38-49

中国版本图书馆CIP数据核字（2014）第160270号

咖啡飘香星巴克
KAFEI PIAO XIANG XINGBAKE

编　　著:	吕品晶
项目负责:	陈　曲
责任编辑:	陈　曲
出　　版:	吉林出版集团股份有限公司
发　　行:	吉林出版集团社科图书有限公司
电　　话:	0431-81629727
印　　刷:	北京一鑫印务有限责任公司
开　　本:	710mm × 960mm　1/16
字　　数:	100千字
印　　张:	12
版　　次:	2014年9月第1版
印　　次:	2019年7月第2次印刷
书　　号:	ISBN 978-7-5534-4070-5
定　　价:	23.80元

如发现印装质量问题，影响阅读，请与出版方联系调换。0431-81629727

序 言
PREFACE

梦想与生命共存　传奇与我们同在

当你拥有这套《和创造世界名牌的人一起放飞梦想》系列丛书并真正读懂它的时候，祝贺你，你已经向成功又迈进了一大步，并可以为自己的人生勾画一张蓝图了。

开卷有益，我们不是猎奇，不是对世界名人和超级品牌的奇闻轶事简单地一声惊叹，而且通过阅读，让我们的视野变得更加开阔，让我们能够更好地认识这个世界，并找到适合自己的成功之路。

这是一套全方位满足你阅读愿望的好书，文字鲜活，引人入胜。这里有商界巨鳄的传奇创业故事，也有他们普通如你我的日常生活，当你随着一行行文字重走他们的人生之路时，你的心一定会在波澜起伏中感到一种快意。或许他们的成功不能复制，但是他们的坚忍、执着、宽容——这些成功的要素，我们可以复制。

通过阅读名人的成长故事，重温名人的创业之路，我们会发现，健全的人格、自由的意志、高远的理想、敢于实践的勇气、高瞻远瞩的见地、坚毅勇敢的性格、理性处世的原则、独立思考的习惯、幽默风趣的表达方式……一个人成功的诸多要素都以具体而形象的方式展现在你的面前。

每个人都有自己的生活轨迹，然而成功之路殊途同归，这一路上你的行囊里必须要装入梦想、希望、宽容和坚忍。

请给自己一个梦想吧！梦想是成功的种子，梦想是希望的支点。从这套书中你会发现，每一个了不起的品牌里都承载了品牌创始人那激越的梦想。是梦想，让他们充满激情，斗志昂扬；是梦想，在困境中带给他们希望，让他们有了坚持下去的勇气；是梦想，激励他们不断向前进！

为梦想不懈地努力吧！从这套书中你会明白，任何人的成功都不会一帆风顺，在鲜花和掌声的背后，有太多不为人知的痛苦。那些创业中的失败、徘徊和挫折，对我们来说更具有启迪的价值。真正的勇敢者，并不是无所畏惧，而是在面对挫折的时候，能及时调整自己，正视艰难困苦，不放弃希望。所谓成功，不过是努力的另一个名字罢了。

伟大的戏剧家莎士比亚曾说："一个最困苦、最卑贱、最为命运所屈辱的人，只要还抱有希望，便无所怨惧。"

生命只有一次，让我们在阅读中汲取无穷的力量吧！《和创造世界名牌的人一起放飞梦想》系列丛书会带你走进一个传奇世界，仔细阅读并把你的梦想付诸实践，你也许会成为下一个传奇。

带上我们的梦想启程，为我们璀璨夺目的人生而奋斗！

目 录
Content

前 言

Introduction

为什么一杯咖啡能卖得如此之火？为什么一个从布鲁克林走出来的男孩最终能拥有一个咖啡帝国？从西雅图一条小小的"美人鱼"进化到今天遍布全球62个国家和地区，连锁店达到1.8万家，拥有20万名员工的"绿巨人"，星巴克创造了一个企业扩张的奇迹。

"星巴克"是100多年前美国一个家喻户晓的小说《白鲸记》里爱喝咖啡的主人公。20世纪70年代，3个美国人把它变成一家咖啡店的招牌来推广美国精神，自那以后，一杯一杯的星巴克咖啡令整个世界为之着迷。星巴克向消费者传扬自己的咖啡宗教，让消费者与自己有同样的价值理念，把消费者牢牢拴在星巴克。星巴克将西方古老的消费品变成无法阻挡的世界流行风尚，它改变了人们对咖啡的印象，使饮用咖啡成为享受生活的标志。对于美国乃至全球的年轻人来说，星巴克不仅仅是一杯咖啡，而是一种流行生活方式。把这种悠闲、快捷、温馨的咖啡文化注入世界的人，就是比尔·盖茨的父亲常常提起的"倔强小伙子"——霍华德·舒尔茨。

美国的富豪里有45%都是犹太人，作为星巴克的创始人和总裁，舒尔茨就是其中之一，但他并非含着金钥匙出生的富二代，相反，他的童年和少年时期都过得非常窘迫。舒尔茨出生在纽约布鲁克林区的犹太人家庭，小时候，他对家的记忆就是狭小的空间、肮脏的地面、破旧的小床、难以下咽的面包和咖啡，还有不时从头顶轰轰而过的飞机。这样的恶劣环境反而造就了舒尔茨坚强不服输的性格，即使他的父亲在一场事故中失去了半条腿，全家失去经济收入时，他也未曾感到恐惧和自卑。少年时代的舒尔茨就开始了自己的打工生涯，他在寒冬为皮衣生产商拉拽过动物皮，在炎夏为运动鞋店的蒸汽房处理过纱线。自古英雄出少年，宝剑锋自磨砺出，虽然这样磕磕绊绊地长大，但舒尔茨最终以优异的成绩考上了大学。就在他为上大学而想办法四处筹集学费时，橄榄球让舒尔茨的人生发生了第一次重大的转变。北密歇根大学的野猫球队看中了舒尔茨的橄榄球技，他因此获得了大笔奖学金。大学期间，舒尔茨将全部的精力放在了学习上。在获得商学学士学位后，他进入了著名的施乐驻纽约分公司，成了一名出色的销售员。他在6个月的时间里每天打50多个推销电话，在曼哈顿城从第42街跑到第48街，从东河跑到第50大道，登上每幢写字楼，敲开每间办公室的门。28岁那年，他已经是这家生产厨房设备的瑞典公司的副总裁兼美国分公司经理。

舒尔茨的父亲在那次事故后变得消沉和暴躁，父子之间的隔阂越来越深。即使后来舒尔茨渐渐长大，父子间的感情也非常淡漠，直到父亲突然离世，舒尔茨才再次感受到父亲的爱，并发现了父亲想要拥有一家属于自己的咖啡馆的心愿。父亲留给他的信让他对父亲的看法有所转变，他开始意识到，父亲一直没有在工作中获得满足感和尊严。正是因为这样，舒尔茨把这当成激励自己的力量：一定要创办一家自己的公司，完成父亲的心愿，也要让像父亲那样的人为工作而感到自豪。

一次，舒尔茨在西雅图的星巴克咖啡馆被手磨的现调配的咖啡所吸引，几乎在一瞬间，他就决定与神奇的咖啡签下终生契约。1982年，舒尔茨辞去了年薪7.5万美元的工作，加入星巴克，开始担任市场和零售营运总监。1987年，舒尔茨收购了星巴克，并开出了第一家销售滴滤咖啡和浓缩咖啡饮料的门店。从此，星巴克进入了舒尔茨时代，并在他的带领下，成为一个风靡全球的品牌。星巴克将自己定位为独立于工作场所和生活居所之外温馨舒适的"第三生活空间"，它的目标市场是一群注重享受、休闲，崇尚知识的中产阶级和城市白领。它希望把一种愉快的、便捷的、充满关爱的生活态度传递给顾客，希望每一位走进星巴克的人都能够感受到咖啡带来的独特氛围。长期以来，星巴克一直致力于向顾客提供最优质的咖啡和服务，营造独特的"星巴克体验"，自1992年上市以来，其股票上涨了5000%，取得了令人难以置信的成功。星巴克成功的秘诀在于：它能够创造个性化的顾客体验，促进公司成长，创造利润，赋予员工活力，确保顾客忠诚，而所有这一切都在同一时间内达成。产品的品质是实现这种体验的关键。霍华德·舒尔茨认为，星巴克品质的基石是从1971年星巴克刚诞生时就致力经营的顶级重烘焙咖啡豆。星巴克的标准是：煮好每一杯咖啡，把握好每一个细节。你可能今天面对的是第100位客人，可对客人来说，喝到的却是第一杯咖啡，他对星巴克的认识就是从这杯咖啡开始的。为了回馈忠诚的顾客并吸引新的消费者，星巴克还在产品上不断创新。1993年春，星巴克设立了尖端的咖啡实验室，开始研发跳出业内窠臼的新产品，咖啡萃取浓缩汁带领星巴克进入一个全新的阶段，星巴克顺利地开发出一系列口味独特的新产品。比如1995年，星巴克推出由员工自主开发的、用碎冰打成的卡布奇诺——也就是我们所熟知的星冰乐，星冰乐成为夏天热咖啡的替代品，让向来喝热咖啡的美国人爱上了冰品咖啡，也吸引了很多从来不喝咖啡的客户群体；1997年，星巴克公司和百事可乐联手推出了罐装咖啡，顾客在超市里就可以买到星巴克咖啡，并把它们带回家；2009年，星巴克推出了VIA，即溶咖啡产品，有了VIA，人们可以随时随地品味高品质的天然咖啡；同年，星巴克还开发了很多人想也不敢想的产品——咖啡冰淇淋；2013年，星巴克宣布将在欧洲推行大型办公室咖啡贩卖机，这意味在办公室就能实现喝到星巴克的愿望……在产品不断推陈出新的同时，星巴克还推出了星巴克随行卡、高速无线上网、"咖啡教室"等新型服务。

受到父亲工作经历的影响，舒尔茨十分重视员工感受及福利待遇。他将"员工第一"作为最基本的经营理念，并在工作中重视和尊重员工，坚信把员工放在第一位，将带来一流的顾客服务水准。星巴克要打造的不仅是一家为顾客创造新体验的公司，更是一家高度重视员工情感与员工价值的公司。霍华德·舒尔茨将公司的成功在很大程度上归功于企业与员工之间的"伙伴关系"。他说："如果说有一种令我在星巴克感到最自豪的成就，那就是我们在公司工作的员工中间建立起的这种信任和自信的关系。"员工之间建立的这种信任和自信的独特的伙伴关系，是缔造星巴克伟业的基石。20世纪90年代中期，星巴克的员工跳槽率仅为60%，远远低于快餐行业钟点工140%—300%的跳槽率。员工们在优厚的福利政策激励下，时刻以最饱满的精神和充满激情的态度服务顾客，从而给建立良好顾客关系提供了最重要的源泉和保证。

与此同时，星巴克公司不断地通过各种活动回馈社会，改善生态环境，回报合作伙伴和咖啡产区农民。为社会做出贡献是星巴克领导者不容忽视的一项使命，通过投身社会活动，星巴克将"星巴克体验"带到了世界各地千万民众的身边。鉴于星巴克独特的企业文化和理念，公司连续多年被美国《财富》

杂志评为"最受尊敬的企业"之一。

1999年1月，星巴克在北京中国国际贸易中心开设了第一家门店。从此以后，星巴克的忠诚拥护者当中，又多了几亿中国人的身影。星巴克公司在中国市场的不断努力和社会融入的不断深入，也带来了相应的回馈，星巴克在中国市场不仅收获了广大的拥护者，还收获了巨大的荣誉，被评为"中国食品行业最受消费者信赖品牌""中国杰出公益团队""连锁经营协会员工最喜爱公司"，等等。

在星巴克的忠实顾客中流传着这样一句话："我不在家，就在星巴克；我不在星巴克，就在去星巴克的路上。"让我们一同踏上通往星巴克之路，走入星巴克一路前行的风雨历程，这是一个贫寒少年的励志故事，更是一个咖啡帝国的成功奇迹。

Starbucks

第一章　倔强小子崎岖成长路

Starbucks

第一节　突如其来的变故

当时我还是个孩子，脑子里压根儿不会想到有朝一日自己会成为一个公司的老板，但我曾在心里默默地想，倘若我有出头的一天，我一定不让别人沦落到这种地步。

——霍华德·舒尔茨

如今净资产可能超过10亿美元的霍华德·舒尔茨，居住在西雅图一个可以鸟瞰华盛顿湖、近600平方米的公寓里，多年来，他一直努力遮掩自己在"贫民安顿计划"下成长的烙印，但早年种种却已深埋记忆中。

1954年，霍华德·舒尔茨出生于纽约布鲁克林区一个普通犹太工人的家庭。

布鲁克林区曾是非洲裔人以及一些少数民族聚居区，加上美国历史上少数民族受教育程度低、就业困难和种族主义的歧视，这里曾是美国犯罪率最高的地区，一直被视为混乱、肮脏、罪恶的原住地，少年时代的舒尔茨就生活在这里。

1956年，霍华德一家搬出祖母的公寓，凭借"贫民安顿计划"在布鲁克林湾景公房里拥有了一处狭小的安身之所，那年舒尔茨刚刚3岁。那个地方位于牙买加湾区的卡西纳中心地带，距离肯尼迪机场只有15分钟的路程，飞机的轰鸣声伴随着少年舒尔茨成长的每一天，那喧闹声仿佛是这个窘迫家庭的奏鸣曲。

年少的舒尔茨时常坐在窗边看着飞机起落，渴望有一天能够走出布鲁克林，最好能够坐上那个插着翅膀的大型机械到世界其他的角落去看一看。之所以称这里为家，只是因为他和父母共同生活在这里，但在少年舒尔茨的印象里，它只是一个面积十分狭小、门厅又矮又黑、墙壁上依然留着弹孔的危房。

与生活在这里的所有社会底层人一样，霍华德一家每天不仅要为生计四处奔波、疲惫困顿，还要忍受着头顶上飞机掠过时留下的刺耳轰鸣声，周围堆积如山的生活垃圾散发出刺鼻的味道，陷入由于贫困带来的无休止的争吵和抱怨……

霍华德·舒尔茨的父母都出身于工人家庭，在纽约的布鲁克林东区已经住了两代了。他的祖父很年轻的时候就去世了，所以他的父亲霍华德·弗雷德十几岁时就辍了学，开始了打工生涯。

第二次世界大战期间，弗雷德是驻守在南太平洋新喀里多尼亚和塞班岛部队的卫生急救员，虽然在那儿费雷德染上了黄热病和疟疾——这使他的肺部后来变得非常虚弱，经常感冒，但他仍然以此为傲，常常跟人说自己是一名退伍军人。战争结束后，弗雷德干过许多不同的活儿，他做过卡车司机、工厂工人，还开过一阵子出租车。尽管他做过很多份工作，但从来没有显示出什么才能，也从来没有为自己的人生作过什么打算，都是靠着给别人打零工维持生计，他每年的收入也从来没有超过2万美元。

舒尔茨的父亲费雷德是个老实本分的男人，一生落魄潦倒，没有自己的房子，一家人只能住在一套由联邦政府资助的廉租房里。他最后一份工作是做卡车司机，收回尿布再把新的尿布送上门去，他一直抱怨这是份臭烘烘的乱七八糟的活儿，说这是世界上最糟糕的工作。但作为家里的顶梁柱，为了支撑起这个家，这位父亲仍然忍受着雇主的剥削，从事着非常艰苦的体力工作，赚取微薄的收入。

舒尔茨的母亲霍华德·伊莱恩是个勤劳的家庭主妇，她为人善良，意志坚强。伊莱恩曾经是一名接待员，但随着孩子的降生，她就待在家里照顾孩子。虽然她从来没受过高等教育，但她深知她的孩子只有通过教育才能离开布鲁克林。舒尔茨的妹妹霍华德·罗妮和舒尔茨年龄相仿，兄妹俩一起长大，成了彼此最重要的陪伴。这段日子虽然辛苦，但是一家四口总算是有些经济来源的，也还算过得去。费雷德偶尔还会带着舒尔茨去打打棒球，他最喜欢的就是洋基队。而年少的舒尔茨在贫民区长大，结识了三教九流的朋友，这样的环境也造就了他坚韧不拔的性格。

舒尔茨经常和邻居的小孩儿们玩游戏，从一大早一直玩到天黑。父亲下了班或是周末时，会和他们一起玩。每个星期六和星期日的早上8点，几百个孩子就会聚集在学校的操场里。从那时起，舒尔茨就意识到：你必须表现出色，因为你若是不能获胜，就会被淘汰出局，在旁边待着，看别人玩，直到你被允许再次进入。因此，他总是抱着非赢不可的心态去玩。生活虽然因贫穷而苦涩，但是舒尔茨仍然能从父母的爱中品尝到甜味。

然而，世事难料，厄运降临。

1961年的冬天，对年仅7岁的舒尔茨来说，是那么寒冷。一天，他在学校后面的操场上和小伙伴们打雪仗，正当他玩得酣畅的时候，他的母亲从7楼的窗口向他挥手，喊道："霍华德，快进来！爸爸出事了！"接下来发生的事情改变了他的一生。

他急急忙忙地跑回家，一进门，就感受到一股不寻常的气氛，只见父亲的一条腿上裹着石膏，表情痛苦地趴在沙发上。年少的舒尔茨对眼前发生的一切懵懂不知，只是从父母的表情中，意识到不幸正降临到这个家庭。原来，父亲在送货时不慎在冰上滑倒，不仅摔断了左腿，而且胯骨也断裂了。由于没有得到及时的救治，父亲失去了半条腿，将终生与拐杖为伴。父亲没受过什么教育，常为自己是一名退伍军人而自豪，可他从未在这个世界上找到自己的位置。就像那个年代其他的蓝领工人一样，父亲的工作环境一直很糟糕，雇主拒绝签订劳工合同，也没有任何医疗保险，因此父亲出事后几乎没有得到任何赔偿，更没有补偿金，甚至也没有得到些许的安慰，这使得父亲在身体和自尊上都受到了极大的伤害。

父亲的不幸也使全家人的生活陷入困境，此时的母亲正怀有7个月的身孕，也不能出去工作。年少的舒尔茨目睹了失去劳动能力的父亲被无情地解雇。他不懂，为什么父亲在工作中受伤却没有得到任何的补偿，也没有人对父亲抱以歉意和真诚的安慰？为什么父亲勤勤恳恳地工作却连最基本的救治都不能得到？这对舒尔茨的世界观形成产生了极大影响，他深深地感受到了贫困带来的痛苦，社会底层生活的压抑。但他并没有愤世嫉俗，抱怨社会，反而让他更能理解和同情生活在社会底层的人们，也更激励了他改变生活状态的决心。虽然那时的舒尔茨还很小，但是在他幼小的心灵里就已经模模糊糊地萌生了一个念头——如果有一天他能说了算，他将不会遗弃任何人，也不会让父亲这样的劳工阶级受到这样的委屈。

父亲的不幸遭遇对于这个家庭简直就是一场灾难，本来就一贫如洗的家庭完全没了收入；本来就风雨飘摇的家庭，现在更像是一条汪洋中的小船。父亲受伤需要救治，母亲怀有身孕需要营养，舒尔茨也正是长身体的时候，这正是霍华德一家最需要钱的时候，然而那时就连最基本的温饱问题都很难解决了。大腹便便的母亲常常为了能吃到下一餐而到处借钱。舒尔茨也常常和母亲清晨去市场买便宜的咖啡和面包，甚至去捡些被遗弃的菜叶。每天在霍华德家的餐桌上，只有少得可怜的面包和苦涩得难以下咽的咖啡。面对着父亲一天天的消沉，母亲时不时地唉声叹气，舒尔茨一边想尽办法去安抚父母，一边幻想什么时候能够结束这惨淡的生活，什么时候能够喝到真正香醇的咖啡。

曾经有很多个夜晚，舒尔茨听到父母在餐桌上争论到底该借多少钱，又该向谁借。

一天傍晚，家中的电话铃突然响起，打破了这个危房里的沉寂，一家人不禁被这铃声惊了一下。可电话响了好久，也不见父母有任何动静，眼见父母对电话铃声置若罔闻，舒尔茨忍不住好奇地看着父亲母亲。电话铃声还是没有一点儿停下来的意思，就好像电话那头的人透过电话线发现了房间里的人。最终，母亲说道："舒尔茨，去接电话……如果有人问，就说……就说我们不在家。"舒尔茨照着母亲的话做了，电话那头正是催债的人。从焦急的声音可以听出催债的人急切的心情，可霍华德一家实在是应付不来。从那以后，只要电话铃一响，妈妈就会让舒尔茨去接电话，告诉债主父母不在家。舒尔茨对这样的电话有着说不出的恐惧，因此，电话铃声一响，他就忍不住紧张起来，每一天，他都盼着电话再也不要响起。贫穷带来的羞愧感和恐慌感在少年舒尔茨的心中开始弥散。

父亲在腿折之后失去了劳动能力，也失去了他的全部信心和勇气。作为男人，父亲想靠自己的劳动为妻儿换来一餐一饭，然而现在的他却只能靠拐杖行动，还要靠妻子借钱来维持生活，可对这一切，他又无能为力。他开始意志消沉，每日借酒浇愁，酒精让他暂时麻醉自己，也彻头彻尾地把他变成了一个酒鬼。父亲常常为了酒钱和母亲争吵不休，舒尔茨担当起了父亲的情报员，不时从母亲藏起来的生活费中偷些钱拿给父亲，让父亲去买酒喝。虽然舒尔茨也非常不愿意，但也不敢违抗父亲的命令。而父亲酗酒的习惯不仅增添了家庭生活的负担，更让父亲的脾气变得暴躁，动不动就乱发脾气，舒尔茨简直就变成了他的出气筒，一点小事就会招来一顿打骂。舒尔茨总是小心翼翼，不想踩到父亲的地雷，可父亲的雷区却无处不在。从这时起，父亲的形象就在舒尔茨心中蒙上一层阴影，父子之间的隔阂也渐渐产生。

在霍华德一家陷入困境之时，亲戚成了他们最坚强的依靠。一位是舒尔茨的叔叔比尔·法伯，以前在布朗克斯区有家小小的纸厂，他曾雇佣过舒尔茨的父亲，后来也曾接济过他们。还有就是舒尔茨的姑妈，不仅在金钱上帮助过他们，还给舒尔茨带来了一次魔力般的体验。

在舒尔茨还不到10岁的时候，姑妈带他到纽约市无线城音乐厅去看演出，这真是让舒尔茨大开眼界，他看到了现场的演出，也看到了布鲁克林以外的世界，舒尔茨觉得自己获得了前所未有的见识。

演出结束以后，姑妈带他来到一家他从未见识过的自助服务餐厅，小舒尔茨立即被用餐的形式吸引了。小型的橱窗沿着墙依次排开，从此端延伸至彼端，每个橱窗内都有不同的食物，有苹果派、火鸡三明治和碗装果冻等。那天，舒尔茨选择了一块苹果派。姑妈向机器中投了几枚硬币，橱窗玻璃就升了上去，舒尔茨感到不可思议，姑妈示意他可以去拿他的苹果派了，舒尔茨欣喜地拿到了他想要的苹果派，而几乎就在同一时间，新的一块苹果派不知从哪里冒出来取代了原来的那块被舒尔茨享用的苹果派的位置！

舒尔茨觉得这真是太不可思议啦！

那时的舒尔茨相信了姑妈的话，确信是有位魔术师在后面操纵着这一切。当时的他还想不到，在巨大的墙后面，是一个忙碌的厨房，也想不到任何接连不断填满食物的方法。这只是一个穷小子大开眼界的小故事，但对舒尔茨却意味着更多，这次经历让舒尔茨明白了商人的意义，或许从那时起，冥冥之中他就在向着一个商业帝国靠近。

第二节　偷来的圣诞礼物

比别人关心更多，考虑问题时要明智；
比别人梦想更多，考虑问题时要务实；比别
人期待更多，就要考虑一下可能性。

——霍华德·舒尔茨

虽然成长在一个窘困的家庭，父亲的打骂给舒尔茨的童年留下了阴影，但是血浓于水，舒尔茨对于父亲的爱一直留在心底。伴随着弟弟霍华德·迈克尔的出生，霍华德一家添了几分生机，新生儿的降生总会让人感到充满希望，父亲因为这个孩子的到来，开始展露笑颜。舒尔茨也觉得不再孤独，然而一家人欢天喜地的同时，也有了更大的烦恼——家庭开销更大了。好在，随着舒尔茨渐渐长大，他已经可以帮忙看管年幼的弟弟，而弟弟就像是舒尔茨的影子，无论舒尔茨走到哪儿，他都蹒跚着紧随其后。舒尔茨因此也把自己看作是弟弟的守护神，尽心尽力地照顾他。这样一来，母亲伊莱恩也有余力外出打些零工赚点家用，尽管如此，生活依然拮据，最初的喜悦过后，一家人又陷入困境。

穷人的孩子早当家，舒尔茨无论在学校还是在家里都算得上是个好孩子，他比同龄的孩子要懂事得多。他懂得体恤母亲，也能够理解父亲，还尽全力为父母分担生存的压力，虽然男孩子有时候也会淘气，但总的来说，舒尔茨是个非常正直的小男子汉。12岁这年，他却做了一件"错事"，一件让舒尔茨终生难忘的"错事"。

1964年的圣诞节近在眼前，圣诞节的欢乐气氛已经开始笼罩着纽约市。整个纽约都沉浸在节日的欢愉里，就算是布鲁克林区，也被欢乐的气氛感染，家家灯火璀璨，街道上都是欢笑声和乐曲声。仿佛只有生活在湾景公房里的霍华德一家没有半点儿节日迹象，他们依旧为钱发愁，没有钱去做圣诞装饰，没有钱去添置节日新衣，也没有钱去享受一顿丰盛的圣诞大餐，舒尔茨的父母依然在为向谁借钱而愁眉不展。

舒尔茨望向窗外，圣诞节该是什么样子的呢？传说中的圣诞老人在平安夜会在他的床头塞满礼物吗？许下的心愿会帮他实现吗？他没有奢望自己的圣诞礼物，倒是想为生活艰辛的父母送去节日礼物，可是他没有一分钱的积蓄，看来这又是一个没有礼物的圣诞节。弟弟妹妹在一边吵吵闹闹，玩得正开心，他们没有节日的概念，只知道街上热闹极了，他们也没有贫穷的概念，无忧无虑。

父亲弗雷德又开始喝酒，仿佛酒才是他庆祝节日的唯一方式，但酒水带来的不是节日应有的欢愉，而是生活的苦涩和沮丧。几杯酒下肚以后，父亲弗雷德就有些醉醺醺了。家徒四壁，对生活失去信心的他被一旁玩耍的小孩吵得烦透了，便把一股怒气发泄到了他三个年幼的孩子身上。砰的一声，父亲把酒瓶摔向地面，三个正在一边玩耍的孩子顿时吓呆了，妹妹罗妮开始嘤嘤地哭了起来。父亲暴跳如雷地大骂道："你们这群小吸血鬼，就是你们榨干了我的血，都是你们把我的生活搅和了！别哭啦，滚！都给我滚，滚！看见你们我就心烦！……"面对父亲不休的漫骂，母亲强忍着眼中的泪花，作为母亲，她是多么爱自己的孩子，而面对自己的丈夫，她又是多么无助。无奈之下，她只好让大一点的舒尔茨带着弟弟妹妹到街上去玩。

孩子们立即逃到街上，对他们来说，能够逃离父亲的打骂，到街上去感受一下别人的圣诞氛围，也算是一个不错的夜晚了，舒尔茨带着弟弟妹妹徘徊在布鲁克林卡西纳的街道上。霍华德一家所在的社区住的都是普通的劳工阶级，这里大多是廉租公房，也被贴上了贫穷落后的标签。虽然布鲁克林的圣诞氛围略显朴素，但满街漂亮的圣诞树，让整条街充满了生机，有的挂着彩灯，有的覆着浅浅的白雪，有的挂着铃铛。舒尔茨和两个弟妹看得目不暇接，仿佛刚刚什么也没发生过一样，他们暂时忘记了刚才的打骂，也忘记了生活带来的苦楚。他们在街上玩着闹着，享受圣诞带来的快乐。咕噜咕噜，不知道是哪个孩子的肚子开始发出饥饿的信号，沿街的厨房里飘来了南瓜派的香味儿，他们放慢了脚步，仔细闻着，仿佛是在饱餐一顿。走着走着，舒尔茨突然被一家便利店摆在店门口的促销柜台所吸引。柜台上的商品真是琳琅满目，每一个他都想要拥有，巧克力棒、牛奶糖、薯片……还有一罐包装精美的咖啡。

舒尔茨想起父亲清醒的时候。每当午后的阳光暖暖地照在窗沿上，父亲就会坐到窗边的椅子上，泡上一杯咖啡，虽然咖啡都是些便宜货，但是升腾起来的咖啡浓香还是布满了整个房间，父亲总会小口小口地啜饮，好像那是一杯顶级蓝山一样，一副非常享受的样子。那一刻的父亲看起来是那么的慈祥，那么的安宁，仿佛只有那一刻，他才真正感受到了生活的意义。

舒尔茨常常想，这一刻要是能够定格该多好啊。想到这里，舒尔茨不禁想到，要是能把这罐咖啡作为圣诞礼物送给父亲，他该是多么的开心啊！舒尔茨为自己的这个想法而激动不已。这罐咖啡看起来是那么精美，舒尔茨仿佛已经透过铁罐闻到了它的味道。可是弟弟妹妹咿咿呀呀的声音很快把舒尔茨拉回现实。

怎么办？他根本买不起这罐正在促销的咖啡！这让舒尔茨有些懊恼，可是几乎是一瞬间，一个念头在舒尔茨的脑海中一闪而过。

这家便利店门前灯光闪烁，老板正在店里面忙着招呼客人，街道上虽然偶尔有行人走过，但也没有在柜台前停留的意思，更没有人理会这三个孩子。舒尔茨在柜台前徘徊了一会儿，还时不时地望向店内的伙计，趁没人注意，颤颤巍巍地伸出他稚嫩的手，伸向那罐梦寐以求的咖啡。说时迟那时快，舒尔茨拿起那罐咖啡，把它放入自己的棉衣内怀里，没有多想，他只是想在圣诞节的前夕把这罐咖啡送给自己的父亲，他只是想自己能做父亲的圣诞老人，把礼物和快乐带给他。尽管舒尔茨已经尽量小心翼翼，便利店的老板还是发现了徘徊在店门口的三个小孩子。像电影中的镜头一样，那个体形强壮的男人从店里面走出来，一边大叫着抓小偷，一边朝舒尔茨冲了过来。

"快！快跑！"舒尔茨向弟弟妹妹吼道，怀揣着咖啡罐，也怀揣着一份惴惴不安，带着弟弟妹妹飞也似的逃跑了。三个小孩子在大街上一路狂奔，引来周围行人的侧目。舒尔茨拼命地朝家里跑去，那一刻舒尔茨的想法很单纯，他不想听到父亲永远在饭桌上抱怨咖啡太难喝，他希望能将这罐咖啡当作圣诞礼物送给父亲。

上气不接下气的，他们终于跑回了家，舒尔茨以为自己真的侥幸地逃过了这一关。一进家门，舒尔茨就看见母亲一如既往地在狭小的空间里忙忙碌碌操持家务，而父亲则面无表情地坐在窗边，看来刚才的那片乌云已经散开。

舒尔茨也尽量平静，不被父母亲发现端倪。舒尔茨蹑手蹑脚地走到父亲身边，小心翼翼地将咖啡递到了父亲面前。父亲扭过头，看着包装精美的咖啡罐，疑惑地看了舒尔茨一眼，然后问他这是什么。他结结巴巴地说："这……这是我在路口捡的，想送您当作圣诞礼物。"舒尔茨撒着谎，心怦怦直跳，然而那个整日醉醺醺的父亲没有再追问下去，他看着咖啡罐，仿佛醇香的咖啡味道已经从铁罐的缝隙散了出来。他轻轻摸了下舒尔茨的脑袋，说："谢谢你，儿子！"

父亲脸上挂着微笑接过咖啡，仔细地端详着。那一刻舒尔茨恍惚中感觉有什么东西在父亲的眼睛里闪烁。舒尔茨也感受到了幸福，他想，虽然没有火鸡，没有圣诞树，但这罐咖啡可以让全家过个愉快的圣诞节了。

然而，幸福的瞬间却如此短暂。当平安夜一家人正喝着舒尔茨"捡"来的咖啡，喜笑颜开地赞叹着这从没品尝过的浓香时，门外急促的敲门声让舒尔茨禁不住心中一惊。一种不祥的预感令舒尔茨不敢去开门，蜷缩在墙角等待着。

母亲打开门，门外站着一个身材魁梧的男人，原来便利店的老板虽然没有追出来，但是他认出了舒尔茨，一路打听找到了这个小窃贼的家。舒尔茨意识到他干的事曝光了，迎接他的将会是一场狂风暴雨，他站在墙角不禁颤抖起来。便利店老板一进门就开始大骂，指责霍华德夫妇没有教育好孩子，养育了一个小贼，最后他索要那罐昂贵的咖啡的钱。这个偷来的圣诞礼物，给这个家庭又一次蒙上阴影。

舒尔茨的父母为了不把事情搞大，不得不买下这罐咖啡。为了躲过父亲的打骂，舒尔茨趁着便利店老板还在家里吵吵嚷嚷，便偷偷逃跑了。

平安夜，舒尔茨不敢回家，在街上流浪着，街上到处洋溢着圣诞节的气氛，四处飘散的烤火鸡的香气让他饥肠辘辘，十二月的冷风吹得他瑟瑟发抖。又冷又饿的他边走边哭，最后累得倒在地下通道里睡着了。

舒尔茨逃出家门以后，母亲担心得不得了，随手裹了件棉衣就跑出来找他，最后终于找到了他，并把他带回了家。回到家父亲的怒气还没有消，见到舒尔茨就是一顿辱骂，这个无能的父亲完全没有理会舒尔茨去了哪里，有没有吃东西，是否遇到了坏人，身体是否无恙，也没有想到舒尔茨之所以偷这罐咖啡完全是为了送他一份礼物，他只是暴怒于舒尔茨的偷窃行为让他丢脸，以及这罐咖啡带来的经济负担，他暴揍了这个为他偷来圣诞礼物的儿子。

自此以后，父子之间的隔阂越来越深，舒尔茨对父亲的惧怕也夹杂着些许怨恨。

这个刻骨铭心的平安夜留给舒尔茨的不是咖啡的浓香，而是痛苦的滋味。这一天，在他幼小的心里就有了这样的信念：一定要努力奋斗，有一天靠自己的实力买得起世界上最香的咖啡。

第三节　给我一个机会证明自己

> 我不可能给你们一个关于成功的法则，
> 这世上也没有什么一举成功的不二法门。但
> 我自身的经历证明了，白手起家取得超乎自
> 己梦想的成就是可能的。
>
> ——霍华德·舒尔茨

　　有一天，霍华德·舒尔茨夜里躺在床上思量：要是我有个水晶球能窥见未来，我会怎么样呢？不过他迅即抛开了这个念头。他明白自己的人生仍然漫无目标，只知道必须设法离开这里，离开布鲁克林。

　　渐渐长大的舒尔茨与父亲之间的冲突总是不断，他对父亲的穷困潦倒和不负责任深感痛苦，他也知道是环境让父亲变得可怜，可他总觉得如果父亲敢于尝试和付出，就不会这么一事无成。虽然父亲让舒尔茨感到沮丧，但母亲总是给他一些积极的力量。

　　20世纪五六十年代，美国梦充满生机，所有的人都认为自己有资格可以从中分到一杯羹。舒尔茨的母亲反复向孩子们灌输这种思想，虽然她自己连高中都没有毕业，但她最大的理想是让自己的三个孩子都能得到大学教育。舒尔茨的母亲是个聪明、有见识、做事有条理的勤劳女人，虽然有时有点儿武断，但她总是给舒尔茨极大的信心，成为他成长期最主要的榜样。她经常给孩子们讲述名人的成功故事，而且总是和他们说，既然这些人可以成就一番事业，那么只要肯倾心倾力做好事情，就一定会成功。她鼓励舒尔茨挑战自己，敢于把自己放在有挑战性的位置，从而学会克服困难。虽然母亲一辈子生活困苦，但她渴望自己的孩子获得成功。母亲对孩子们的这种激励教育在舒尔茨身上非常成功，他从母亲那里得到了极大的鼓舞，让自己改变命运的决心更加坚定。

作为三个孩子中的老大，舒尔茨意识到自己必须快快长大。他很小就开始打工赚钱。为了不让母亲那么辛苦，十来岁的时候，舒尔茨就像个小男子汉一样挑起了家庭的重担。舒尔茨每天一大早骑着自行车去送报，他在天还蒙蒙亮的时候就穿过了布鲁克林的大街小巷，对这里的每个住户都非常熟悉；放学后舒尔茨又马上奔去小快餐店打工，很小的时候他就学会了料理家务，并对厨房了如指掌。他起早贪黑地赚取一些微薄的收入，然而其中有一部分还会被父亲搜去买酒喝。舒尔茨对父亲身上的酒精气味是那么绝望而害怕，只有喝着母亲用廉价咖啡粉冲泡的咖啡时，舒尔茨才从灰色的生活里嗅出一丝芳香。

当舒尔茨长成一个青涩少年时，开始感受到贫困带给他的耻辱。他没有款式时兴的衣装，没有机会离开家去旅行，没有去过中国餐馆吃饭，也不能随心所欲地吃自己想吃的任何东西，他每天的一餐一饭都要由钱罐里的铜板来决定。一年夏天，他兴高采烈地参加了户外露营，到达目的地后，他才发现那是政府组织专门为穷孩子举办的活动。他感到非常羞愧，并开始意识到自己就是其中一分子，心中非常气愤，"贫穷"像一把枷锁压得他喘不过气，他下定决心以后再也不去参加了。

16岁时，舒尔茨进入了卡西纳高中。当他进入了高中时代，总算明白了居住在布鲁克林卡西纳的湾景公房意味着什么。卡西纳高中距离他所居住的廉租房不到一英里，每天上学放学的路上，都会路过街边的那些独立庭院的房子和联排别墅，这里和他住的湾景公房有天壤之别。他十分羡慕，但也深知，住在里面的人根本看不起他。

高中时期的舒尔茨情窦初开，他有了自己喜欢的女孩子。一次，他约了这个生活在纽约其他地区的女孩出来，不巧遇到了女孩的父亲，接受了让他深感耻辱的盘问。

"你住在哪里？"

"我和父母还有弟弟妹妹住在布鲁克林。"舒尔茨回答道。

"哪儿？你说哪儿？"

"布鲁克林卡西纳。"

"哪儿？"

"湾景公房区。"

"噢……"

对方的声音越来越不屑，表情也越来越难看，仿佛已经给舒尔茨贴上了标签——"湾景公房的穷小子"。舒尔茨感到这将是他和这个女孩的最后一次约会，内心感到无比的愤怒，也感受到自己背负的一种耻辱。他发誓要摘掉这个标签，要靠自己的努力，终有一天没有人会看不起他。有好几年的时间，舒尔茨都不愿对别人说起他在布鲁克林长大的事情，他不想说话，只是不想引出这个话题——这并不是什么有面子的事，可是不管他在内心中怎么否认这个事实，早年生活的种种还是在他脑子里留下了不可磨灭的印记。

此后的日子里，舒尔茨还在寒冬为皮衣生产商拉拽过动物皮，在炎夏为运动鞋店的蒸汽房处理过纱线。他的一个朋友家里有间毛皮工坊，高中时代，利用朋友的关系，他开始给这家毛皮工坊打工。每天放学后舒尔茨就坐地铁从布鲁克林到曼哈顿去工作，一路上他已经冻得双手僵硬，到了工厂还要马上拉伸那些狐狸皮，最后得到的报酬也是少得可怜的毛皮。虽然不能解决一家人的吃饭问题，但是却保证了他们可以暖暖和和地度过冬天，而这每一块毛皮都是舒尔茨在工厂里瑟瑟发抖赚来的。这是个非常辛苦的活计，在舒尔茨的拇指上留下了厚厚的老茧。

后来，他还在皇后区的一间制衣厂工作过。那里没有空调，闷热难耐，尤其是夏天的时候，制衣厂简直像一个蒸笼，即使在这样的环境下，他还要在蒸汽房里熨烫窗帘。舒尔茨经常干活干得汗流浃背，汗水把他的衣服湿了又湿，有时他还险些把自己烫伤，有几次他觉得几乎要窒息而死。那时的舒尔茨还小，虽然工作非常艰苦，但那是舒尔茨唯一可以做的工作，也只有做这样的工作他才能补贴家用，并且为自己的未来攒下些许的钱。暑假的时候，他在一家位于猫山的孟加拉餐馆做侍者。某些客人对舒尔茨的粗鲁态度让他感到害怕，客人们总是出言不逊地把舒尔茨呼来喝去，他颠来跑去地尽自己最大努力来讨他们欢心，可当客人离开时，留下的小费却总是少得可怜。作为一个布鲁克林的穷孩子，舒尔茨对自己说：如果我以后有钱能到这样的地方来度假，我要做一个大方的客人，付得起体面的小费，我要做一个慷慨的人。

贫穷的家境无疑让舒尔茨改变自己命运的欲望变得异常强烈。他希望有一天可以通过自己的努力向父亲证明自己，向那些曾经给他贴过标签的人证明自己。当霍华德·舒尔茨还是一个少年时，他的梦想就超越了他的生活。他不仅想要赚足够的钱，不仅要改变命运，还渴望成功，他想建立一家与众不同的公司，一家给人以尊重和安全感的公司。他目睹了父亲的工作环境——父亲从来没能在一个像样的公司中工作，也目睹生活在布鲁克林卡西纳的其他劳工的生活——大多数都在依靠体力维持生计，他还经历了贫困带了的耻辱。因此，这样的想法来自于第一手的观察——作为一个穷小孩他很没有安全感，这也让他认识到人们会因此得不到尊重并看不起自己。如果你没有受过高等教育或不是一个非常成功的人，而仅仅是一名蓝领工人或中低阶层的人，就像他父母那样，周围的人是不会对你有多少尊重的。那时，他就有强烈的欲望——要接受高等教育，要获得成功，要赢得尊重，要给更多的人创造值得尊重的工作环境。

第四节　橄榄球队递来橄榄枝

> 我想鼓舞大家去追梦想，我家世清贫，没有显赫的族谱，更没有早期启蒙的良师，但我就敢做大梦，没有大梦哪来大事业，我相信只要下定决心放手一试，超额实现梦想并非不可能。
>
> ——霍华德·舒尔茨

虽然生活给舒尔茨带来了很多磨砺，但他也是非常幸运的，因为他天生就是个运动员。不管是棒球、篮球还是橄榄球，他都能玩得上手，并通过练习最终成为一把好手。他曾带领邻居家的孩子们组成篮球队和棒球队，这个时候就凸显出他超强的体育天分和领导能力。这个队伍中什么样民族背景的孩子都有，犹太人的孩子、意大利人的孩子、非洲裔人的孩子……没有人来教他们如何弥合种族差异，因为布鲁克林的孩子就生活其中。

舒尔茨对于体育的激情最初始于棒球。很小的时候父亲弗雷德就经常带着他一起打棒球，父亲是一名狂热的棒球爱好者，而且最爱的就是洋基队。当时在纽约的街区，每一场谈话都是以棒球始，以棒球终。把人们联结在一起的纽带不是种族，也不是宗教信仰，而是你追随哪支棒球队。舒尔茨记得在放学回家的路上，经常可以听到院子的每一扇敞开的窗户里喧哗地传出报道一场场棒球比赛的声音，他也常常被这个声音吸引，驻足聆听。

舒尔茨和父亲一样，是个狂热的洋基队球迷。父亲曾带着他和弟弟去看过无数场洋基队的比赛，这也是他年少时最美好的记忆。父亲会和母亲说这是他们男人约会的时间，然后开怀大笑，带着家里的男孩子去比赛现场。他们永远也坐不到昂贵的好座位，但这一点儿也不影响他们观看比赛的心情，只要身处比赛现场，就足够让他们兴奋。在周日下午短暂的时光里，他们会暂时忘掉布鲁克林破败的街道，投身到一场场的比赛中。米奇·迈特恩是舒尔茨的偶像。舒尔茨的衬衫上、球鞋上，几乎身上每一样东西上都有他的号码：7号。当他开始打棒球的时候，也效仿着米奇·迈特恩的姿势和打法。米奇退役时，作为他忠实的拥趸者，舒尔茨简直难以置信，他怎么就退役了呢？1968年9月18日和1969年6月8日，父亲曾两次带着舒尔茨去洋基体育场看米奇·迈特恩的告别赛，这让舒尔茨印象深刻。他看着人们对米奇·迈特恩表示着敬意，看着他和其他队员道别，听他做完了演讲，舒尔茨觉得十分悲哀，从那以后，棒球对舒尔茨来说就和从前不一样了。

高中时代，舒尔茨狂热地爱上了橄榄球这项运动，他对此倾入了很多心血，成了橄榄球校队的四分卫。舒尔茨发现或许体育是他逃离现实的唯一路径，就像电影《篮球梦》一样，舒尔茨觉得这可能是他可以过上好日子的通行证。因此，他把大部分的时间都放在了体育运动上，他在运动场上一玩就是几个小时，甚至几天。成为校队运动员的那一天，他兴奋不已，像是一种荣誉降临，他终于拿到了属于自己的号码——一个大大的蓝色的C，这代表着他成了一个真正的运动员！他要把这个字母印在自己的运动衫上。可是当他把这个消息告诉母亲时，却发现母亲愁眉不展。原来，现在家里连一个运动衫的钱都拿不出，母亲几乎哀求地和舒尔茨说："能不能再等一个星期……"舒尔茨非常沮丧，但他也没有难为母亲，从一个朋友那里借来钱买来了运动衫，但是他怕母亲难过，一直藏着运动衫，直到母亲付得起这笔钱才告诉她。

成为橄榄球校队的四分卫，是舒尔茨在高中时代取得的最大成就。橄榄球球队队员的身份使他成了卡西纳高中5700名学生中的一个名人。但是学校太穷，没有条件建立一个橄榄球场，所有的比赛也都不像一个真正的比赛，球队其实很不具规模，队员的技术也都一般。但舒尔茨是其中的佼佼者，教练弗兰克·莫罗基耶罗对他偏爱有加，总是给他鼓励，支持他不断地练习，取得更大的进步。橄榄球给舒尔茨带来了骄傲，也让他的高中生活多了几分愉快。

1971年，眼见舒尔茨就要高中毕业了，看着同学都在为上大学的事而努力，他也为自己担忧。虽然舒尔茨很早就开始打工赚钱，但他也深深地明白，这些钱微不足道，而且家里的环境，也让他对未来感到迷茫。靠着多年的努力，舒尔茨以优异的成绩考上了大学，就在他满心以为自己的命运终将改变的时候，一盆冷水泼向了他——家里穷得揭不开锅了，父亲甚至不可理喻地对舒尔茨的未来判了死刑。父亲不屑一顾地对舒尔茨说："你已经高中毕业了，就应该去挣钱养家，还上什么狗屁大学，不要白白浪费时间。"舒尔茨万分难过和愤怒，他声嘶力竭地冲父亲吼："你无权决定我的人生，我决不甘心像你一样做个卡车司机，连梦想都没有，过着朝不保夕、毫无希望的日子，我真为你是我的父亲而感到悲哀和耻辱！"从此以后，父子的关系更是雪上加霜，同时舒尔茨对大学校园的渴望也更加强烈了。

机会总是垂青有准备的人。就在舒尔茨为筹备大学入学金而四处想办法时，机会降临了。

有一天，来了一些看起来很专业的人，来他们的橄榄球校队物色人选，当时他完全不知道这个改变他命运的人在哪里观看他们的所谓比赛。几天后，舒尔茨收到了一封信，在舒尔茨的认识中这封信仿佛来自另一个星球——北密歇根大学。他们想为野猫球队招募橄榄球队员，想知道舒尔茨对此是否感兴趣。舒尔茨简直乐晕了，他就像是被邀请参加全国橄榄球联赛一样兴奋。更让他高兴的是，北密歇根大学还为他提供了橄榄球奖学金。没想到自己热爱的橄榄球为自己送来了橄榄枝。真是功夫不负有心人，想当初舒尔茨无意间接触到橄榄球，只是希望多给自己一些机会，谁也不曾想到它会成为改变舒尔茨命运的重要砝码，将舒尔茨指向了大学之路。这是他唯一得到的奖学金，要是没有这笔奖学金，真不知道如何实现他上大学的梦想，更不知道他将过怎样的一生。

舒尔茨欣喜若狂，兴高采烈地把这个天大的好消息告诉给父母。母亲得知后，自然是高兴得不得了。父亲虽然表现得很冷淡，但是对家里走出来的第一个大学生，还是难掩欣慰之情。

舒尔茨在高中的最后一个春假整理了行李，父母驾车带他去了那个梦寐以求的地方。他们驶过一千公里，走出纽约，穿过丛林密布的山区，驶过一片片广阔的田野，经过像海洋一样辽阔的湖泊。当他们到达目的地时，舒尔茨几乎看见了电影里才能看见的情景——欢笑的学生、大片的草坪、整齐的建筑、粗壮的树木……舒尔茨终于走出了布鲁克林。

大学让舒尔茨见识到了一个全然不同的世界，他对知识的渴求以及对未知世界的探寻，让他的大学生活更加充实。舒尔茨很喜欢大学里开放的空间，虽然刚刚进入大学时，他还有些孤僻、不合群，但是在大学的第一年他就结交了4个亲密好友，并与他们在大学里做了4年的室友，一同在校园里进进出出。友谊让舒尔茨的大学生活充满快乐，大学生活的美好也因此被放大了。

虽然橄榄球是舒尔茨进入大学的福星，但是他并没有像高中时代一样，渴望成为一名橄榄球运动员。大学期间，舒尔茨意识到橄榄球并不是自己未来的方向，于是他将全部的精力放在了获得知识和打工赚钱上。他学习的专业是传播学，还选修了公共演讲和人际沟通课程。高年级后，舒尔茨对商科产生了兴趣，选修了一些商务课程，因为他开始担心未来的生计问题。他的成绩一直维持在B的平均线上，和大多数学生一样，只有临近考试或是演讲前他才努力一把。

为了完成学业，舒尔茨贷了款，还做了兼职工作和暑期工来支付他的花费。他曾在酒吧做过侍应，还曾经为了赚钱卖过血。但不管怎么说，大学生活对于舒尔茨来说是愉快的，几乎感受不到压力，也无须承担什么责任。为了节省路费，上学期间他几乎没有回过家。只有一年的母亲节，为了给母亲一个惊喜，他搭便车回到了纽约，回到了布鲁克林，母亲见到他高兴得难以表达。

学校与家远隔千里，舒尔茨对布鲁克林区那个破旧的家还是有些思念，每个月他都会给母亲写信或打电话，问候母亲和弟弟妹妹，对父亲却很少提及。

第五节　超出想象的美好前程

> 全身心投入工作或任何有意义的事业，实现别人认为不可能的大梦。人生因此而可贵。
>
> ——霍华德·舒尔茨

1975年，舒尔茨大学毕业，成为家里第一位大学毕业生。对于他的父母来说，他已经得到了最大的奖赏：一张大学文凭。走出布鲁克林并取得了大学文凭，让舒尔茨有了继续做梦的勇气。然而，就像许多年轻人一样，舒尔茨走上了人生的十字路口，他不知道下一步该怎么走，还没有明确人生的方向，也没有人能够帮他指点迷津，更没人帮他找到他的价值。他的父母都是劳工阶级，每天都操劳度日，对他的未来也是茫然不知，甚至不闻不问。舒尔茨没有指导者，没有职业榜样，没有专门点拨他的老师，所有的事情只能自己去思考。

　　舒尔茨不准备回纽约，于是就留在了密歇根，在学校附近一家溜冰场工作。然而，溜冰场的工作让舒尔茨一直提不起劲儿，他知道，这绝不是自己想要的生活。渐渐地，霍华德·舒尔茨发现自己善于推销，于是一年后他回到了纽约，寻找更多的发展机会，终于在施乐公司——一家瑞典人开办的家庭用品公司的营销部门获得了一份工作。由于勤奋和努力，他很幸运地在工作上有了一些突破，并顺利地进入了美国最好的销售培训学校——施乐公司以1亿美元在弗吉尼亚州的里斯伯格建造的培训中心。舒尔茨在那儿学到的关于工作和生意的知识远比大学时代所学到的要多，他们在销售方面和市场营销方面，在展示和表现技巧方面对他进行培训，这让舒尔茨收获良多。

　　在培训中，他感受到施乐公司对员工的重视和培养，使他能以相当健康的心态外出工作。这也为他未来的人生发展打下了基础。

　　培训课程结束后，舒尔茨就开始了他的推销生涯。在6个月的时间里，他几乎每天都要打出50个推销电话。打推销电话对于做生意是一个很好的训练，它教会舒尔茨即兴思考的本事。但光是打电话还不够，他还在曼哈顿城从第42街跑到第48街，从东河跑到第50大道，登上每幢写字楼，敲开每间办公室的门。无数扇门在舒尔茨面前"砰"地关上，他都没有停止脚步，而是仍然充满激情，用最简洁的语言，把新款上市的文字处理机之类的东西介绍清楚。

经过不懈的努力，舒尔茨终于成为这一领域中的全职销售员，那些冷冰的大门终于一扇一扇为他打开。他穿着职业套装，真正地成了一名推销员。施乐公司是一家口碑很好的公司，每当舒尔茨向别人介绍他所在的公司时总能赢得许多敬意，工作带给他的满足感越来越强。由于舒尔茨的努力，他卖出了许多机器，也结识了很多客户，扩展了自己的社交网络，极大地锻炼了自己。他在工作中证明了自己，也越来越有信心。更重要的是，他在工作中找到了父亲母亲所没有得到的职业尊重。

工作三年，舒尔茨不仅挣得了可观的佣金，逐步还清了大学学费贷款，还与另外一个人在格林威治村合租了一套公寓，生活开始有了新的面貌。舒尔茨还有了自己的积蓄，不仅给母亲寄去了生活费，还破例为父亲挑选了一份别有意味的礼物——一箱产自巴西的上等黑咖啡豆。

年少时那场因咖啡引起的事件，对舒尔茨来说是一生无法忘却的耻辱，他一直想要通过自己的努力送给父亲一份真正的礼物。当有能力支付更贵的咖啡时，他马上想到要弥补童年的那道缺口。巴西咖啡的口感中带有较低的酸味，而且又带有淡淡的青草芳香，在清香中又略带咖啡的苦味，甘滑顺口，余味能令人舒活畅快。舒尔茨希望父亲从此以后可以经常喝到这样醇香的咖啡，更希望当这箱咖啡送到父亲面前时，父亲能对他刮目相看，为有他这样的儿子而自豪。带着期待，他拨通了布鲁克林家里的电话，"喂……"响过几声后，终于接通了，电话那头传来父亲低沉的声音。离开家这么久，他第一次和父亲聊了几句，父子俩对彼此的声音都有些陌生了。

舒尔茨告诉父亲，自己准备了一箱上等的黑咖啡豆要送给他，他以后可以告别那些廉价的咖啡，去品尝醇香的上等咖啡了。

舒尔茨满心期待，希望能得到父亲的肯定，他渴望父亲能说出"儿子，我以你为傲"这样的话，然而父亲并没有表现出兴奋之情，只是淡淡地回应了几声，问了几句他最近工作生活的情况，最后还嘲讽地说："你拼了命去读大学，就是为了能喝得起咖啡？"舒尔茨感觉自己像被冰封住了一样，没有想到自己竭尽全力去证明自己，换来的却是父亲的不以为然。

舒尔茨毫不客气地说："是的，我用努力证明了自己买得起咖啡，也买得起想要的人生。而你，最好用这些咖啡豆为自己冲泡一杯真正的黑咖啡，品尝一下苦涩的滋味是怎样的。"他努力去竞争和比拼，尝试着成为最出色、最抢眼的人，成为销售队伍中的佼佼者，只是为了向父亲证明自己选择的人生没有错，他绝不会虚度年华。但这些话，他从来没有对父亲说过，因为他觉得和父亲无法交流。

挂断电话，舒尔茨虽然非常懊恼，不过他没有意志消沉。这一通电话，却让舒尔茨渴望更大的成功，他相信总有一天会得到父亲的认可。

1978年的夏天，好运降临在了霍华德·舒尔茨身上，他遇见了生命中的挚爱。那年夏天的一个周末，舒尔茨和他的朋友一行8个人在汉普顿的海滩边租了一幢周末别墅，打算在那儿的海滩边度假，而就是这一次周末旅行成就了他一生的爱情——他遇上了雪莉·凯尔斯。一头波浪般的飘逸金发，浑身散发的青春活力，雪莉以她无可挑剔的风度和品位吸引了舒尔茨。她在研究生院攻读室内设计，夏天的周末，她也跟朋友们一起到海边来玩。

舒尔茨情不自禁地靠向雪莉，两个年轻人天马行空地聊起来。交谈中，舒尔茨发现，雪莉不仅外表美丽，性格也非常好，她学识甚广，热情开朗，具有坚定的信念。他们都刚刚开始自己的职业生涯，在这世界上一无挂碍，都带着年轻的梦想想要闯出自己的一片天空。在汉普顿夏季海风的吹拂下，两个年轻人很快就坠入情网。回到纽约后，他们开始约会，而且越见越频繁，舒尔茨对雪莉了解得越多，就越意识到她是个多么难得的好姑娘。

当时舒尔茨的工作并没有让他安定下来，他渴望在工作中获得更多，想要做更具挑战性的事。1979年，从一个朋友那里得知，有家名叫柏士德的瑞典公司，正筹划为他们的汉默普拉斯特家庭辅助用品在美国建立分公司。能在一家公司从头做起是个令人兴奋的机会，舒尔茨毫不犹豫地争取了这个机会。最终，柏士德公司雇用了舒尔茨，派他去瑞典接受为期三个月的培训。柏士德公司坐落在一个铺满鹅卵石的迷人小镇上，离哥本哈根和斯德哥尔摩都比较近，到了周末舒尔茨就离开小镇到附近逛一逛，欧洲以其悠久的历史和富有情趣的生活折服了他，他在这里度过了愉快又难以忘怀的三个月。

培训结束后，公司先把他派到一个专售建筑用品的部门，后来又把他调到了北卡罗来纳州，让他去卖厨房用品构件和家具。谁会对那些塑料膜压件产生兴趣呢？对雪莉与日俱增的思念，以及对工作的毫无兴趣，让舒尔茨在北卡罗来纳州度日如年。挨过了郁闷的10个月后，舒尔茨实在忍不下去了，于是他打算放弃这份工作，回到纽约去，回到雪莉身边。

由于舒尔茨在工作中的优异表现，柏士德公司极力挽留他，不仅把他调回了纽约，而且还提拔他当汉默普拉斯特的副总裁和总经理。

这时的舒尔茨只是个20多岁的小伙子，就已经负责公司在美国的运作，管理大约20个独立的销售代表。公司不但给他开出了7.5万美元的年薪，配了专用的车，还给了他一个开销账户和随意支配的差旅权限，其中包括一年4次前往斯德哥尔摩的费用。而更让舒尔茨欢欣的是，他销售的是感兴趣的东西——由瑞典设计的风格鲜明的厨房设备和家居用品。他很快就把公司产品打入高端零售商店，在纽约的高档商场里设立了销售专柜。

在自己熟悉的领域里，舒尔茨干得如鱼得水，到28岁时，他就已经小有成就。他和雪莉搬到了曼哈顿上城东区，在那里的一间豪华公寓里构筑他和雪莉的家。

与此同时，雪莉在她公司里的业务也蒸蒸日上，她为一家意大利家具制造商设计家具。她把他们两个人的家的墙壁刷成淡红色，并利用专业知识把阁楼式的空间设计成温暖的家。舒尔茨和他美丽的妻子过上了非常好的生活，他们经常去剧院看演出，去餐厅吃饭，邀请朋友们参加在家举行的派对，甚至在汉普顿租了夏季度假屋，尽情享受假期。

舒尔茨的父母无法相信他这么快就过上了好日子。大学毕业才6年，他就在职场上取得了成功，获得了高薪，有了自己的房子，这远远超出了他们的期盼。一辈子生活在布鲁克林区的父亲母亲，一辈子做的都是劳工，他们从来都没有想到自己的儿子舒尔茨，那个曾经偷过一罐咖啡的儿子，会有一天在纽约的富人区拥有一套自己的房子，会拥有一个让大多数人羡慕的工作，会成为一个管理者，会过上他们想也不敢想的生活，而这还远远不是霍华德·舒尔茨奋斗的终点。

第六节　永远的遗憾

犹太人有一个传统，在亲爱的人去世的周年纪念日前夕，亲人们会点亮一支蜡烛，并让它持续燃烧24小时。我每年都会点亮这支蜡烛，为我的父亲。

——霍华德·舒尔茨

舒尔茨和雪莉是一对让人艳羡的爱侣，两个人都处在事业的上升期，并且彼此鼓励，彼此扶持。但是一直到两个人步入婚姻，有一道窗户纸都没有捅破——那就是舒尔茨不愿提起的父亲。直到谈婚论嫁，舒尔茨也不曾在雪莉面前提起过自己的父亲。在舒尔茨的心里，父亲是他的一道阴影，甚至是他的一个伤疤。和雪莉相处得越久，就越让舒尔茨感受到她的美好，雪莉是那么的完美，舒尔茨仿佛觉得他的那个酒鬼父亲，是他的一个瑕疵，让他配不上雪莉，所以他尽量不在雪莉面前提起父亲。

雪莉每次听他说起家人，都只是提起母亲和弟弟妹妹，似乎父亲并不存在。有一次，她好奇地问舒尔茨："你的父亲呢，他是做什么的？"舒尔茨愣住了，他嗫嚅着对雪莉说："我的父亲……"他含糊其辞，不愿在心爱的女友面前说出自己有个酒鬼父亲。

小时候，父亲也曾给过舒尔茨很多快乐的时光，带着他在院子里玩耍，带他去看棒球比赛，但当父亲遭遇了不幸以后，就开始消沉。父亲总是喝得酩酊大醉，喝醉以后就把舒尔茨当成自己的出气筒，对他非打即骂，父亲就像是家里的一颗不定时炸弹，总让舒尔茨感到不安，即使是父亲清醒的时候，也总是阴郁的，腿伤夺走了父亲的劳动能力，也夺走了他对生活的热情和希望，仿佛他的生活中已经没有阳光，只剩下惨淡的灰色。父亲总是在抱怨，抱怨这个世界不公道，抱怨布鲁克林总是嘈杂，抱怨家里难喝的咖啡，抱怨自己辛劳的妻子和年幼的孩子。酒精，成了这个落魄的男人麻痹自己最好的办法，他总是想尽办法把自己灌醉，而买酒钱也成了家里的负担。舒尔茨辛辛苦苦打工赚来的钱，也有一部分被父亲用来买酒，舒尔茨对此无能为力。而当舒尔茨长大以后，父亲也总是对他的表现不以为然，他从未从父亲那里得到一丝的赞扬。从舒尔茨进入青春期开始，父子俩的争吵就从未间断，舒尔茨甚至觉得贫穷的包袱有一部分是父亲不肯付出造成的。这样的父亲，他又怎么愿意在心爱的人面前提起呢？

舒尔茨后来在工作中取得了一些成绩，但父子的关系也是不冷不热，他已经失去了向父亲证明自己的那份兴趣。父子俩虽然同在纽约，却很少见面，父亲也很少提起儿子，更别说想念了。

1988年初的一天，舒尔茨突然接到了母亲的电话，电话里母亲的声音并不好，他反复询问，母亲最后也只是说他父亲很想念他，希望他有时间能回家看看。舒尔茨听到母亲这么说很是诧异，因为他从来没有想过有一天父亲会说出这样的话。他想这可能只是母亲为了挽回他们父子之间的关系所做的努力罢了，并没有在意。他以工作为由拒绝了母亲的请求。恰巧这个时候舒尔茨正好需要去和一个大客户谈判，要离开纽约一段时间，他也就把这件事抛到了脑后。一周以后，舒尔茨从外地出差回来，想起了母亲打来的电话，这才匆匆忙忙驾车赶回家。

回到了布鲁克林，舒尔茨不禁回想起小时候在这里度过的时光。也许正是少年时代经历的苦难生活，让舒尔茨懂得美好的生活要靠自己来创造，懂得只有奋斗和努力才能带他脱离困境。他在卡西纳高中校门口停住了，那儿有一支橄榄球队正在训练。秋日温暖的天气，眼前蓝色的统一服装和哨声，让他回忆起往日振奋而激动人心的岁月。一群孩子在打篮球，就像他小时候一样，一个年轻的妈妈推着儿童车，一个小男孩仰头看着舒尔茨。舒尔茨心里想：不知道这些孩子当中有谁能打破命运的枷锁，实现自己的梦想。

回到湾景公寓，走进家里，舒尔茨却没有见到自己的父亲，一股惨淡的气氛笼罩在这个家里。舒尔茨问母亲，父亲去哪儿了，可是母亲听到他的询问却禁不住啜泣。原来在母亲给他打电话的第二天，父亲就因肺癌去世了，或许是死前一种莫名的预感和牵挂，父亲在去世前一天突然对母亲说很想见儿子舒尔茨，然而这最后的心愿却没有实现。

父子两个人永远地分别了。舒尔茨感觉这一刻空气好像都凝结了，整个人像被抽空了一样。父亲的音容笑貌在他的脑海里像电影放映一样一一闪现。他的心被巨大的悲伤占据着，难以接受这个现实，他希望还能够看见父亲坐在窗前安详地享受阳光；他希望还能够看见父亲露出偶尔闪现的笑容；还能够和父亲在周末的午后一起打球，和父亲一起看洋基队的比赛；他希望还能够听到父亲对他的冷嘲热讽、不以为然；他甚至希望还能够像小时候一样被父亲暴打一顿。他更痛恨自己曾经很少和父亲联络，痛恨自己曾经看不起父亲，痛恨自己曾经对父亲出言不逊，甚至曾经诅咒过父亲。他多么想时光能够倒流，父亲还能够和他生活在一起。可如今，连父亲的打骂也变成了永不再来的珍贵回忆。舒尔茨坐在父亲常坐的椅子上泪流满面，从前种种对父亲的怨恨都化成了无尽的思念和遗憾。他很懊悔当时接到母亲的电话时的不以为意，要是他当时就能马上回到家，就能在父亲临走前见到他最后一面。如今父子俩天人两隔，这或许是父亲生前最大的遗憾，也成了舒尔茨永远的遗憾。

此后几天，舒尔茨一直留在布鲁克林的老房子里陪伴着母亲，帮着母亲整理父亲的遗物。每拾起一样父亲的生前物品，舒尔茨对父亲的思念就又增加一分。这天，舒尔茨在整理时发现了一个木箱，木箱上覆着一层厚厚的灰尘，仿佛是岁月的痕迹。从未听父亲提起过这个神秘的木箱，舒尔茨拭去灰尘，把木箱打开。打开木箱以后，舒尔茨禁不住愣了一下，里面竟然装着一个锈迹斑斑的咖啡罐。

即使岁月已经使它面目全非，舒尔茨还是一眼便认了出来——那正是他12岁时为父亲偷来的圣诞礼物。往事一幕幕涌上心头，他唏嘘不已。他握着咖啡罐，那个灯火阑珊的平安夜，那个琳琅满目的便利店，那个上门讨钱的老板，那个在墙角战栗的他，一切的一切仿佛只是昨天才发生。他万万没有想到，父亲竟然还保留着这咖啡罐。他又拿起咖啡罐，仔细地摩挲着，这时他突然发现在盖子上刻着一行字，字迹已经有些斑驳，但仍然认得出那是父亲的手迹："儿子送的礼物，1964年圣诞节。"那一瞬间舒尔茨的鼻子酸了，他没有想到父亲如此珍视这件东西，他一直以为父亲对他毫不在意，一直以为这罐偷来的咖啡让父亲对他失望至极，没想到父亲竟然像宝贝一样珍藏着。这么多年来，他一直觉得父亲是自私的、冷漠的、无情的，他突然发现自己错怪了父亲，原来父亲早已把对他的爱藏在了这个木箱里。父亲对他的爱，这一刻，舒尔茨感受到了。

舒尔茨发现咖啡罐里还装着什么，打开一看，居然是一封已经揉得皱巴巴的信，看日期应该就是他坚持上大学那年父亲写下的。父亲在信中写道："亲爱的儿子，作为一个父亲我确实失败，既没有给你一个好的生活环境，也没有办法供你去上大学，我的确如你所说是个粗人。但是孩子，我也有自己的梦想，我最大的愿望是能够拥有一家咖啡屋，能够穿上干净的衣服，悠闲地为你们研磨和冲泡一杯浓香的咖啡。然而，这个愿望我无法实现了，我希望儿子你能拥有这样的幸福。可是我不知道怎么让你明白我的心事，似乎只有打骂才能让你注意到我这个父亲……"

这一刻舒尔茨泪如雨下，他没想到父亲也想要给他好的环境，没想到父亲也为不能供他上学而难过，没想到父亲也曾经有着梦想，没想到父亲对他也有着幸福的期盼……舒尔茨对父亲的看法开始有所改变，他逐渐回想起了父亲身上的一些美好品质：为人诚实、对工作兢兢业业、对家庭负责等。他开始意识到，其实不是父亲本身无能，而是父亲所处的世界摧垮了他。父亲身处社会的最底层，从未在这个世界找到自己的位置，也从未实现自己哪怕是最渺小的梦想，舒尔茨一直深信每个人都应获得足够的尊重，而不是像父亲一样，直到去世，都没有领到过一次养老金，没有过一笔存款。他做着对他而言毫无意义的工作，而且从未从中得到过满足，后来在工作中失去了劳动能力，这份工作也没有给他任何形式的安慰。这就是一场悲剧。正是因为这样，舒尔茨开始把这股动力当成激励自己的力量：他一定要创办一家公司，一家能让父亲那样的人因工作而感到自豪的公司。

父亲去了，舒尔茨感到生命的一部分也被抽空了。这时，雪莉鼓励他说："既然你父亲的心愿是拥有一家咖啡店，那我们就替他完成未竟的心愿吧。"这时的舒尔茨已经几经辗转开始了他的咖啡事业，正处于事业初创的艰难时期，父亲的离世，让他无比痛苦，但是父亲留下的遗愿，也让他鼓起了继续下去的勇气。完成父亲想做而没有做成的事，让像父亲这样的人感受到工作的尊严，不正是他现在能为已经离世的父亲做的事吗？如品咖啡一样去生活，不正是他们父子苦苦追求的目标吗？

Starbucks

第二章　星巴克诞生记

Starbucks

第一节　派克市场里的星巴克

> 我会看上星巴克，主要是它未来的远景，而不是它过去的好口碑，星巴克咖啡的热情和正统形象，深深吸引着我。
>
> ——霍华德·舒尔茨

1981年，舒尔茨在事业上与咖啡结缘，而这一切是那么的机缘巧合。舒尔茨是个有心人，在汉默普拉斯特工作的过程中，他注意到一件奇怪的事情：西雅图的一家小型零售商从他手里订购了大批咖啡研磨机，数量甚至超过纽约最大的百货商场的订货量。经过调查，他发现，那个小零售商是一家名叫"星巴克"的咖啡豆、茶叶和香料专卖店，当时的星巴克只有4家店铺，但购买咖啡研磨机的数量却超过了一些大型百货商店。为什么？他敏锐地感觉到这个小零售商有些不寻常，便决定亲自去考察一下。他对妻子雪莉说："我得去看看这家公司，去那儿实地考察一下。"

在一个晴朗的春日早晨，舒尔茨只身乘坐飞机前往西雅图。西雅图是美国西北部最大的城市，毗邻太平洋，是一个得天独厚的城市，它拥有青山、湖泊，拥有港湾、河道，具有温润的气候，四季如春。幽静的港湾环绕，绿树掩映着色彩丰富的街市。这里树木葱郁，草地青葱，甚至飘来飘去的雨和轻轻掠过的风都带着青绿的颜色。

西雅图是咖啡迷的天堂，"星巴克"就坐落在位于派克街和弗吉尼亚街上第一大道和西大道之间的派克市场。派克市场始建于1907年，其前身是农村集贸市场。在这里可以找到200多家商店，供应各类生鲜蔬果，以及各地风俗的手工艺品；另外，充满异国情调的餐厅沿街林立。漫步于派克市场，随处可见整桶的鲜花、新鲜糕点和果蔬、手工干酪、当地蜂蜜、葡萄酒、各国口味的餐馆、进口商品、古董、收藏品，以及随时可以各种新奇的小商品。

舒尔茨很快就看到了"星巴克"。那是一个朴实无华但个性十足的地方，一个狭窄的店堂，有人正在入口处用小提琴演奏莫扎特的曲子，琴盒敞开着接受馈赠。推开门的瞬间，一股咖啡香味扑鼻而来。他走进小屋后，发现自己"掉"进了咖啡的殿堂。舒尔茨立刻就爱上了这家店，它是如此质朴，如此真实，又如此老派。他看见店内一幅16世纪斯堪的那维亚的双尾美人鱼木雕图案，她有赤裸的乳房和一条双重鱼尾巴——由西雅图年轻设计师泰瑞·赫克勒从中世纪木刻的海神像中得到灵感而设计的，这也是星巴克最初的棕色商标。柜台后面摆放着一罐罐来自世界各地的咖啡豆——苏门答腊、埃塞俄比亚、哥斯达黎加……这个店卖的是用咖啡豆研磨出来的咖啡粉，而当时很多美国人还以为咖啡就是罐装的粉末，舒尔茨不禁讶异。而更让他吃惊的是，还有一面墙上陈列着从他们公司买来的咖啡研磨机，有红、黄、黑三种颜色，非常齐全。星巴克的销售规划经理琳达·克劳斯曼接待了舒尔茨，介绍他和柜台后面的人认识后，琳达向他解释为什么他们选择这种咖啡研磨机，而不是用一般咖啡店常用的电热滤煮机，"有一部分享受其实来自仪式"。为了证明他们销售的咖啡豆足够优质，店员舀出一些苏门答腊咖啡豆，研成粉末，通过滤网冲进热水……几分钟后，一大杯热腾腾的咖啡就在眼前了。舒尔茨惊呆了，这简直就是艺术表演！咖啡还有这种喝法？当店员把满满一大杯新鲜煮制的咖啡端给舒尔茨时，蒸腾的香气扑面而来。他微微啜了一小口。

"哇！"舒尔茨很享受地睁大了眼睛，"这是我品尝过的最浓烈的咖啡。"

星巴克的人都笑了，"是不是太浓了？"

舒尔茨也咧着嘴笑了，接着又啜了一口，然后又啜了一口。这次，咖啡溢满了口腔，他可以品出更多的味道了。喝完第三口，舒尔茨已经完全上瘾了。他像发现了新大陆，开始"盘问"为他冲咖啡的人，一个问题接着一个问题：关于世界各地的咖啡，关于不同的咖啡制作工艺，关于星巴克公司的一切……舒尔茨仿佛走入了一个咖啡的国度，里面全是他好奇的人和事。他们不卖煮好的咖啡，只出售咖啡豆。有时候，他们把样品煮成的咖啡盛在瓷杯里让人品尝，以便使顾客在店里停留更长的时间。

离开之前，店员们还现磨了一些咖啡豆，作为礼物送给舒尔茨。琳达驾车带舒尔茨去星巴克的烘焙工厂，他目睹了"世界上最好喝的咖啡"的烘焙过程。他们在一幢狭窄的厂房外面干活，旁边是一家航空食品包装厂。踏进工厂的那一刻，一股烘焙咖啡的奇妙芳香扑鼻而来，香气弥漫了整个厂房。房间中央，是一台厚重的银色烘焙设备，前面有一个很大的浅盘。琳达告诉舒尔茨，这就是烘焙咖啡豆的机器。舒尔茨难掩惊讶之情，他没想到这么小的一台机器竟然可以供应4家咖啡店的需求。一位扎着红头巾的烘焙工高兴地向他们挥了挥手，他从机器里抽出一个称之为"试勺"的金属大勺，检视着里面的咖啡豆，嗅了嗅，又插了回去。工人解释说这是在检查色泽和听声音，听听咖啡豆是不是噗噗地爆了两次，以防烘焦。突然，一阵噼里啪啦的闷响，工人打开机器的盖子，把一堆热烘烘、熠熠发亮的咖啡豆倒进大浅盘子里晾着。金属臂开始转到冷咖啡豆那边，一股咖啡香气一下子把舒尔茨包围了。这景象深深地打动了舒尔茨的心。在楼上一间阴暗的屋子里，舒尔茨见到了星巴克的老板——杰瑞·鲍德温、戈登·派克。杰瑞·鲍德温长得很帅，一头黑发，亲切地和舒尔茨握手，让舒尔茨第一时间就喜欢上了他；戈登·派克是个高个子，留着小胡子，一绺黑发遮住了他的前额和棕色眼睛。他们俩性格迥异，杰瑞内向腼腆，而戈登带着浓郁的艺术气息，但两个人都非常聪明，都去过很多地方，都对咖啡有着同样的热情。杰瑞负责星巴克的运作，戈登则是一部分时间花在星巴克，其余时间花在广告和商店设计上，他创办了一份周刊，还打算开办一家微型酿造厂，名叫红钩啤酒厂。那时候酿造厂还是一个很前卫的想法，显然戈登的脑海里满是稀奇古怪的想法和很棒的念头。

"这是刚刚从爪哇运过来的新鲜咖啡豆，"杰瑞说，"我们刚刚烘焙出来的，让我们来尝尝看。"他自己开始煮咖啡，用一个他说是法国出品的玻璃壶。他轻轻地把压滤柄压向底部的咖啡豆，然后又倒出第一杯咖啡，星巴克的两位老板邀请舒尔茨和他们一起品尝新鲜出炉的咖啡。舒尔茨完全被迷住了。在舒尔茨面前是一种全新的文化形态，有很多东西可学，有许多空间可以开拓。

晚上，星巴克的两位老板请舒尔茨在一家位于派克市场附近的意大利小酒馆吃饭。两位年轻的老板非常慷慨，不仅点了满桌丰盛的饭菜，还将星巴克的故事向舒尔茨娓娓道来。

1971年，英语教师杰瑞·鲍德温、历史教师杰夫·西格和作家戈登·派克合作开了第一家星巴克。杰夫在1980年卖掉了自己在星巴克的股份，离开了星巴克。星巴克的创办者们和其他的生意人迥然不同，他们几个人对拍电影、写作、广播、古典音乐、美食、烹饪、醇酒和优质咖啡都有着共同的兴趣爱好。可是他们没有一个人想把企业做大做强，他们创办星巴克只有一个理由：他们喜欢咖啡，还有茶，想要西雅图有最好的咖啡。他们三人开店是受到阿尔弗雷德·毕特的毕特咖啡公司的影响。杰瑞来自旧金山，1966年那里就有了"毕特咖啡与茶"，他在那里感受到了咖啡的浪漫，因此咖啡成为他一生所爱。

阿尔弗雷德·毕特是阿姆斯特丹一个咖啡商的儿子，他醉心于咖啡豆的烘焙，是第一个向美国人推介烘焙咖啡的荷兰人。作为阿姆斯特丹一个咖啡商的儿子，毕特从小到大就沉浸在印度尼西亚、东非和加勒比海地区的异香奇物之中。十几岁时，比特就成了本城一家大咖啡进口商的实习生。后来，他成为一个茶叶培训师，曾远渡重洋到爪哇和苏门答腊，不断训练自己的味蕾，直到能够分辨来自不同国家、不同地区的咖啡的最微妙的区别。

当毕特1955年来到纽约时，他大吃一惊，这儿是全世界最富裕的国家，是西方世界无可争议的老大，可这儿的咖啡却糟糕透顶。大多数美国人喝的咖啡是爪哇出产的一种罗布斯塔咖啡豆制作出来的，那是被伦敦和阿姆斯特丹的咖啡商视为低劣的品种，那时，很少有精良的阿拉比卡咖啡豆能够进入北美。20世纪50年代，华特在旧金山开始往美国进口阿拉比卡咖啡豆，但要货量不多，很少有美国人听说过这玩意儿。于是在1966年，他在伯克利的维尔斯街上开了一家小型咖啡店，取名

"毕特咖啡与茶"，他甚至自己进口烘焙机，因为他觉得美国公司不懂得怎么烘焙小批量的阿拉比卡上等咖啡豆。毕特咖啡的与众不同之处在于，他烘焙出来的咖啡是黑色的，欧式口味，他觉得只有用这样的方式，才能把他进口咖啡豆的风味完全体现出来。他总是分析每一袋咖啡豆，并针对不同的特性选择相应的烘焙方式。最初只有欧洲人和一些对此有兴趣的美国人光顾他的小店。但渐渐地，一个接一个，阿尔弗雷德引领出了一批对咖啡有良好品味的美国人。他卖出咖啡豆，教他的顾客怎样在家里研磨、烧煮。他视咖啡如美酒，研究着它们的出处、栽种的农场、年份和收获情况。他开创了自己独特的咖啡品味，这是真正的鉴赏家的标志。正如每一个纳帕谷葡萄酒生产商确信自己的技术是最好的，毕特也一直保持着他的浓郁型咖啡的风味。

杰瑞和戈登从毕特店里订购了大量的咖啡豆，这里的咖啡仿佛有一种魔力，让人喝不够。1970年，戈登在驾车返回西雅图家中的路上突然有了个大胆的想法——为什么不在西雅图开一家咖啡店！杰瑞听后欣喜地表示赞同，还有他们隔壁寝室的同学杰夫也愿意加入。第一家星巴克店位于西雅图市中心的派克市场，他们三人每人投资1350美元，再加上向银行借贷的5000美元，筹集了近1万美元。他们管这个生意叫作"星巴克"。

"星巴克"这个名字来自美国作家赫尔曼·梅尔维尔的

小说《白鲸记》。《白鲸记》故事结构简单，是一部以捕鲸生涯为题材的小说，一位名叫亚哈的"裴庞德号"捕鲸船船长带领全体船员，追捕一条叫"莫比·迪克"的大白鲸的历险过程。"星巴克"是亚哈船长的大副的名字，他是一位处事极其冷静，极具性格魅力的人，他最大的嗜好就是喝咖啡。星巴克的名字实在是让星巴克的元老很是费心，戈登·派克与他的创意伙伴艺术家泰瑞·赫克勒商量店名，他其实想要用"裴庞德号"这个名字——白鲸记中的那艘船。泰瑞·赫克勒不同意这个意见，他想要的是一个与众不同而又可以同美国西北部有关系的店名，他选中了雷尼尔山附近矿工聚集地的名字"Starbo"。又经过商量，杰瑞·鲍德温重新把名字同他喜爱的《白鲸记》拉上关系，"星巴克"就是"裴庞德号"上的爱喝咖啡的大副。这个名字让人想起了海上的冒险故事，也让人回忆起早年咖啡商人遨游四海，寻找好咖啡豆的传统，多少有些饮水思源的寓意。

20世纪70年代初，在星巴克发祥地西雅图，正是一片萧条：当地最大的雇主波音航空公司大裁员，三年里从10万雇员裁到不足4万，这使国会山一带漂亮的社区全搬空了，很多人因为失业只好远走他乡。西雅图飞机场邻近的广告牌甚至拿不幸的居民们开玩笑："最后一个离开西雅图的人，请关上灯！"在当时经营零售店可不是好时机，星巴克一开始就在和赔本做不懈的斗争。但三个创始人决意要开这家咖啡店，哪怕只能聚拢一小撮咖啡爱好者也在所不惜。在那些日子里，西雅图成了美国的一个另类而孤立的角落，只有冒险家才敢来到这里，他们从数千英里外的东海岸或是中西部，甚至是加利福尼亚投奔到这里，在这一切皆有可能的地方造梦种梦。有时候，那些去阿拉斯加矿区、山区和渔场的人也在这儿中转。这个城市没有受到东海岸人那种惯做表面文章的影响，一些大家族仍然留下来经营木材采运和板材生意。由于深受20世纪从挪威和瑞典来的移民的影响，西雅图人一般都很文雅，也很真诚。

20世纪70年代初，少数美国人，尤其是西海岸人，开始摒弃袋装或盒装食品，那些加了香料和防腐剂的玩意儿时常让人觉得味道不正。人们开始选用新鲜蔬菜和鱼类烹制食品，去买新鲜面包，买来新鲜的咖啡豆自己研磨。他们拒绝加工食品，喜欢真正的天然食品；拒绝粗劣平庸的食品，追求精良食品。对于星巴克的创办者们来说，所有这一切都正中下怀。

1971年4月，星巴克店几乎是悄无声息地低调开张。店面设计成传统的航海风格，好像有几十年历史似的。所有的室内装饰都是手工制作。星巴克不卖一杯杯煮好的咖啡，有时会提供一些样品供人品尝，一般总是盛在瓷杯里，因为盛在瓷杯里的咖啡会更美味些。喝着样品咖啡可以使顾客在店里逗留更久，听听关于咖啡的故事。起初，雇员只有杰夫一人，他穿着伙计的围裙，忙进忙出为顾客舀咖啡豆。另外两个继续保留他们的全职工作，只是午饭时或是下班后过来帮一下。杰夫开始成了零售的专家，而杰瑞当时在大学里修了一门会计课程，他读了许多书，对咖啡也越来越在行。而戈登，用他自己的话来说，是个"神神叨叨的，充满浪漫念头的人"。对他来说，显而易见的是，创建星巴克就是去追求一个逃往遥远世界的梦想。

从星巴克从开张那天起，销售就出乎意料的好。《西雅图时报》当红专栏的介绍更是把大量顾客带进了星巴克，店铺的名气在口口相传中越来越大。

刚刚开始那几个月，每个创办者都前往伯克利朝觐大师阿尔弗雷德·毕特，在他那儿学习咖啡知识。他们在他的店里打工，观察他和顾客间的交流。毕特热爱咖啡，也非常关心那些对咖啡热爱有加的年轻人，并非常慷慨地向他们传授咖啡和茶叶的知识。一开始，星巴克从毕特处订购咖啡。但还不到一年，他们就从荷兰买到了二手烘焙机，并在靠近渔人码头的一处东倒西歪的老房子里安装上了。整个安装过程完全是手工完成的，只有一本德语手册作指导，三个年轻人凭借对咖啡的热情，硬是完成了这一切。1972年末，他们又在靠近华盛顿大学校区开了第二家店。渐渐地，他们在当地培养了一批对咖啡有了品位的忠实主顾。最初的星巴克就这样渐次绽放在西雅图。

对星巴克的创办者来说，优质就是一切。杰瑞尤其坚持他的立场，在企业的宗旨问题上决不妥协。他和戈登显然很明白他们的市场，因为星巴克每年都赢利，不管经济是萧条还是景气，都是如此。他们是纯咖啡主义者，而且从不希望把生意做到对咖啡有鉴赏力的小圈子以外的人群中去。

当霍华德·舒尔茨第一次走进星巴克位于西雅图的店面时，就被深深地吸引了。星巴克具有艺术气息的年轻老板们是因为喜欢咖啡才做起生意的，他们宣称要提供美国最好的咖啡豆，赚不赚钱倒是次要的，而且当时星巴克并不卖咖啡饮品。舒尔茨被这三个老板的故事迷住了。他们为了自己的梦想而活，他们把友谊融在一杯杯香醇的咖啡中，他们渴望给每个客人提供优质的咖啡生活，他们要的不仅仅是生意，更是一项让自己、让别人快乐的事业。

舒尔茨惊喜地给妻子雪莉打电话："我在上帝的国度！你真应该来这看看。"他兴奋得难以表达。在第二天回纽约的航班上，舒尔茨的思绪开始漫游，他倒掉寡然无味的机舱咖啡，摸出公文包里那袋苏门答腊咖啡——那是星巴克人送他的礼物。打开袋口，尽情地嗅着咖啡的香味，在距离地面3.5万英尺的高空中，他感觉有股神奇的力量在牵引着他，在舒尔茨看来，星巴克是有魔力的，而他应该成为这种魔力的一部分。当舒尔茨降落在肯尼迪机场时，他心里知道，就是它了。他跳上出租车，回到和雪莉的家。这就是霍华德·舒尔茨与星巴克相遇的故事，从那以后，他和星巴克都变了。

第二节 小职员到大老板

> 每当你看见一个成功的企业，必定是有
> 人做出过勇敢的决策。
>
> ——彼得·德鲁克

咖啡在舒尔茨的童年并没有特别重要——除了那次特别的偷咖啡经历。家里通常喝的是速溶咖啡，当有客人造访时，母亲会买来罐装咖啡，并拿出旧的渗滤式咖啡壶。舒尔茨仍然记得，当时听着咖啡豆掉进壶里的声音，直到咖啡在里面沸腾起来，就像舞蹈一样。

走入星巴克那一刻的神奇体验，让舒尔茨想起从小到大的咖啡经历，让他想起那个想要品尝好咖啡的愿望，这一切都让他对星巴克产生了浓烈的兴趣，并迫不及待地想要走入星巴克，走入咖啡世界。他做了一个重要的决定：加入星巴克。他要放弃现在已经稳定得让很多人羡慕的工作，投身到星巴克的咖啡事业上。他的母亲问他是不是疯了，不理解他为什么还要折腾这一次，他的朋友也不解究竟是什么让他如此疯狂。做出这个选择并不容易：他已经在工作上取得一些成绩，年薪7.5

万美元，在纽约的富人区有着自己的房子，在一家知名的公司任美国分公司销售经理，而当时的星巴克根本没有任何名气。这意味着一切得从头再来，对于一个已经超出父母期望很多的年轻人来说，这需要莫大的勇气，而勇气往往是成功的条件。幸运的是，舒尔茨不仅拥有勇气，还得到了妻子雪莉的无私支持。

更令人不可思议的是，星巴克并没有立即接受舒尔茨加入的请求。从西雅图回来之后，舒尔茨先后三次给星巴克的几位创始人打电话，提出入伙加盟的请求，但都被对方委婉地拒绝了。但是，几乎为星巴克着迷的舒尔茨已经很难醒过来，他像是一匹脱缰的野马，谁都挡不住。他开始不厌其烦地给星巴克公司打电话，在无数次被拒之后，舒尔茨甚至向对方提出了为星巴克工作可以不领取薪资报酬，而是把工资转换为在星巴克股份的就职条件。有一次，舒尔茨穿上了自己有生以来最为昂贵的一套礼服，专程飞到西雅图，又去见了星巴克的老板们。舒尔茨告诉他们："你们做了一个错误的决定，我真的认为我有能力让星巴克更有价值，并且认为我能够成为这个具有独特风格公司的一分子。"在星巴克老板们做出决定的24小时后，他们联系了舒尔茨，并告诉他："我们认为你说的是对的。"舒尔茨很兴奋地打电话跟雪莉说："这次有戏了，我能进入星巴克了。"努力并没有白费。舒尔茨用了几乎一年的时间，才说服杰瑞·鲍德温聘他做星巴克的市场营销高管，星巴克最终向舒尔茨敞开了大门，委任他星巴克市场部和海外零售部经理一职，主要负责星巴克的市场开拓工作。

舒尔茨马上结束了在纽约的工作，前往西雅图，他和雪莉带着他们的狗，开着车行驶了3000英里，横跨了美国来到了西雅图，在1982年9月正式开始了他们的冒险旅程。舒尔茨仿佛回到了19岁那年，背井离乡奔赴北密歇根大学的时候，仿佛回到了梦想刚刚开始的青葱岁月。不同的是，这一次他不是一个人，妻子雪莉始终陪伴左右，更重要的是，现在的他更知道自己要什么。

在此后的几个月里，舒尔茨整天在柜台后面忙碌，接待前来的顾客，熟悉不同口味的咖啡，熟悉星巴克的市场运营。依照商学院的传统思维来看，星巴克当时的"商业模式"并不吸引人。吸引舒尔茨的是星巴克创始人的核心价值观和发自内心的热情，而他希望把这种价值观传达给别人。在星巴克的工作让舒尔茨感到快乐，每天浸润在咖啡的香气中，让他感受到星巴克的独特魅力，然而在这种理想生活中，舒尔茨还是始终觉得少了一些什么。

1983年春天，来到星巴克的第二年，舒尔茨到意大利米兰参加一个关于国际家庭用品的商业展览会，也正是这一次会议彻底改变了他的商业人生。在从旅馆步行到米兰展览会议中心的路上，舒尔茨发现街头的小咖啡馆一家接一家，而且每家人气都非常旺。一天，他走出旅馆，带着好奇的心情在米兰的街上闲逛。刚走几步，他就注意到不远处的一家小咖啡店，他推门进去。"欢迎光临！"一名站在柜台里的上了年纪、体形偏瘦的男人招呼着他，就仿佛舒尔茨是这里的常客一样。他的动作流畅，压紧咖啡豆、蒸牛奶、制作浓缩咖啡、调制卡布奇诺，同时还与柜台旁的顾客们闲聊着，一切动作看起来都优雅极了。这家狭小的店铺中的每个人都好像彼此非常熟悉，舒尔茨好像看到了意大利人日常生活的一面。

"浓缩咖啡？"场内服务生在得到了舒尔茨的应允后，将一杯刚刚煮好的咖啡热情地送了过来。端着一个精致的白瓷咖啡杯，品尝着由优雅的意大利咖啡师亲手为他调制的黑咖啡，这让在布鲁克林的校园里玩着美式足球长大的舒尔茨感到无比尊贵。

在享用了咖啡之后，谢过咖啡师，结账，带着咖啡带来的温暖离开店铺，再走过半个街区，舒尔茨又看见了一家咖啡店。他看到，柜台后面头发灰白的老者和每一个顾客打招呼时，彼此都能叫出对方的名字，他们一起笑着聊天，一起享受好时光。继续往前走，是一个露天广场。舒尔茨刚一置身其中，就被不可思议的浪漫情怀和社区氛围包围了。一个接一个的咖啡店被生机勃勃的音乐笼罩着，人们像老朋友一样互致问候；咖啡师则以非凡的天赋，"完美"地表演着……舒尔茨感到仿佛温暖的阳光照在身上，这里氤氲着的浪漫氛围，让他觉得那么熟悉，仿佛是一群老朋友在互相问候，他可以感觉到每一个顾客都和自己一样，在品尝咖啡的同时获得了咖啡以外的满足。

此时，舒尔茨已经完全明白，这些咖啡店是只销售咖啡饮品不售卖咖啡豆的咖啡馆，其经营方向完全不同于星巴克。应当说在米兰咖啡馆舒尔茨得到的最大收获，是一种从未看到过的顾客消费满足感。在那里，顾客来到咖啡馆总是找到一个位置坐下来，一边喝咖啡，一边找熟人或者与服务生聊天。这些意大利人早上来一次，中午也要来一次，到了晚上下班还是先到咖啡馆转一圈才回家。整个咖啡店看起来像一个小社区集会的场所。舒尔茨深深感受到咖啡已经成为当地意大利人生活的一部分，咖啡店里那种放松的气氛、交谊的空间、心情的转换，才是咖啡馆真正吸引顾客一来再来的精髓，而不仅仅是一杯咖啡。刹那间，舒尔茨心头涌出了一个"革命性"的念头：星巴克错失的正是这一点——他们向顾客出售的只是优质咖啡豆，却不出售可让人品尝的咖啡，更没有富有人情味的咖啡文化。如果能将美式咖啡与欧洲咖啡文化相融合，将欧洲咖啡馆的浪漫情怀与星巴克的优质咖啡相结合，或许将是一种全新的体验。或许，舒尔茨可以为美国人的生活增添一种伟大体验。体验的冲击如同一道闪电直穿心灵，他似乎强烈感受到一种难以言表的浪漫情怀和社区情结的召唤，他决心从本质上改变星巴克。想到这些，舒尔茨禁不住心潮澎湃，他迫不及待地想要回到西雅图，把这一切告诉他的老板。

此时的星巴克，仍然只是"窝"在西雅图的咖啡豆商铺。回到西雅图后，舒尔茨兴致勃勃地向杰瑞和戈登等人提出了改造星巴克的建议——将星巴克从出售咖啡豆和咖啡设备转变为提供新鲜咖啡饮品的咖啡吧，并在交通最繁忙的市区中心开设咖啡吧，在吧内增加咖啡座，同时配上背景音乐，创建一种饮用咖啡的氛围，让在店内饮用咖啡成为美国人生活的一部分。舒尔茨把他的大胆设想一五一十地告诉了两位老板，然而他的建议却遭到了戈登等人的反对。理由是，星巴克是零售业者，不是餐厅或酒吧，而且公司很赚钱，不必冒风险另辟蹊径，供应浓缩咖啡会使他们转变成做饮料的企业，他们害怕这种转变会有损他们视为生命的咖啡店的尊严。他们也向舒尔茨指出星巴克目前的成功：企业虽小，但运作有序，很私密，而且每年有盈余，干吗要自己往船上装石头呢？在他们眼里，舒尔茨只是一个过分热情的市场销售经理。可是舒尔茨也知道，老板们没有采纳他的建议还有个更直接的原因，他们在等一个机会，一个更让他们兴奋的机会。

1984年4月，这个机会来了——星巴克买下了"毕特咖啡与茶"。这种感觉很奇妙，就像是儿子买下了老子。星巴克的创始人毕竟是从毕特那里得到的灵感，毕竟是毕特手把手教会了他们烘焙技术。对杰瑞·鲍德温来说，这是他一生中的一个重要机会，是更有希望的扩张方式，这比新开一家浓缩咖啡吧要让他兴奋得多。作为一个纯粹的艺术家，杰瑞还是把毕特公司奉为咖啡的终极供应者。毕特公司的规模和星巴克差不多大，也有5家店铺。但在杰瑞脑子里，毕特一直是真正有权威的人，是美国重烘焙咖啡的鼻祖。他觉得，西雅图的市场已经玩得够好的了，而旧金山和北加利福尼亚是更为广阔的地区，还有很大的发展空间。

然而，为了收购企业，星巴克陷入了债务危机，舒尔茨的心沉了下去，收购这些店使他们丧失了创新的余地。同时，沉重的债务包袱也让星巴克陷入更深的困难。收购搅乱了经营者的注意力。1984年的大部分时间里，星巴克的经理们都忙着在西雅图和旧金山之间飞来飞去。一些星巴克的雇员感到自己被忽视了，有1/4的雇员没有得到奖金。他们到杰瑞的办公室去，要求更平等的工资待遇，他们向股票权益人提要求，特别是为兼职雇员伸张诉愿，要求恢复他们的奖金。但当时杰瑞的心思不在这儿，根本未予答复。后来愤怒的工厂雇员们发了请愿书，请求工会介入。星巴克的管理层还没有意识到员工们的不满有多深，情况恶化的程度有多严重。门店的雇员那边似乎没什么不满的，他们的人数要超过工厂，所以杰瑞盘算着他们的投票会让工会退出。但在正式投票的那天，工会却以3票胜出。杰瑞大为震惊。这个公司是他创办的，是他所钟爱的，而现在雇员们却不再信任他了。在随后的几个月里，他的心似乎已经不在这里了，他的头发白了许多，公司失去了主心骨。

这次事件给了舒尔茨一个重要的教训：没有什么贵重的商

品能比得上公司雇员们的信任和信心。一旦雇员们觉得管理层奖赏机制不公正，他们就会产生疏离的感觉；一旦他们不信任管理层，公司的前途就会受到危害。

说服杰瑞让星巴克尝试新的咖啡体验花费了舒尔茨一年的时间，由于收购毕特公司牵扯了大量的精力、财力，也由于担心这样一来会改变星巴克的核心价值观，杰瑞并不赞同咖啡体验这个想法。在那段时间里，舒尔茨的挫折感与日俱增。最终，在星巴克的第六家店开张时，杰瑞同意尝试一下，这成为星巴克第一个既供应咖啡豆，也提供饮品的店铺。这家店就设在西雅图市中心"独立日与春天"的角上。在那1500平方英尺的营业面积上，舒尔茨要求规划出一半的空间作为意大利式的咖啡吧，但最后他只得到了300平方英尺。舒尔茨的"伟大实验"被挤进了一个狭窄的角落，几乎没有地方摆放桌椅和货品。他们没有筹划任何的广告营销，甚至没有打出"供应浓缩咖啡"的告示板，但舒尔茨本能地相信结果会不错。店面开张的那天早上，天气阴冷得有些反常，空中还飘着毛毛细雨。舒尔茨提前一小时赶到，紧张不安地透过落地玻璃窗向外张望。

早上7点整，舒尔茨激动地打开了店门。上班的人们好奇地踱了进来。许多人点了意大利文饮品单上的浓咖啡。咖啡师快速麻利地调制新饮品，笑逐颜开地向顾客们做着解释。拿铁、卡布奇诺……这些品牌的咖啡，都是在这天早晨才被介绍到美国。

和创造世界名牌的人

一起放飞梦想

舒尔茨细心地观察着顾客们喝第一口咖啡时的反应。许多人把眼睛睁得大大的，这是对不熟悉的、如此浓烈口味的初次反应。只见他们犹豫了一下，再喝一口，随后开始享受温暖的美味。舒尔茨高兴地发现，柜台那边的咖啡豆根本无人问津了。看着眼前的景象，舒尔茨知道，星巴克的历史就要发生巨变，不可能回去了。到打烊的时候，舒尔茨计算着，大约有400人走进这道门，这远远超过了星巴克最好的门店客流量250人的平均数。而更重要的是，他又一次感受到了在意大利体会到的那种人与人之间的温情。一个又一个星期过去了，生意越来越好，而且多数集中在饮品区，店内客流量超过了每日800人，咖啡大师傅们做咖啡的速度都跟不上了，排队的人群一直排到了门外的人行道上。"独立日与春天"成了一个聚会的场所，这正是舒尔茨所追求的效果。由于第一家店尝试新经营所取得的成功，他开始憧憬未来更多的可能。他自信满满地以为，这家店的人气会证明自己，会动摇老板最初的想法，会解决债务危机带给星巴克的影响，会让杰瑞他们看到星巴克到达一个全新高度的生动景象。然而，他的梦想又一次破灭了。

新业务的成功，并没有使星巴克的老板支持舒尔茨。杰瑞觉得这背离了他们作为咖啡烘焙商的初衷。杰瑞和舒尔茨彼此尊重，但他们对咖啡的理解不一样。舒尔茨再次试图说服杰瑞，这天他走进杰瑞的办公室，想做最后的努力。

"顾客的反应应该说明问题了吧，"舒尔茨说，"这是一个大好机会，我们应该继续下去。"

"我们是咖啡烘焙商，不想做成餐饮企业。"杰瑞疲惫地说。他们又在老地方开始兜圈子了。

"这并不是要办成一个餐饮企业！"舒尔茨坚持自己的意见，"是让人们用我们提供的方式去享受我们为他们准备好的咖啡。"

"霍华德，听我说，我只是觉得这样做不行。如果我们太注重供应成杯的咖啡，就会成为又一家餐馆或是又一家饮食店。也许这么走每一步都有道理，但到最后，我们就会失掉咖啡之源。"

"但我们会重新找到咖啡之源的！"舒尔茨争辩道，"这会把更多的顾客带到我们的店里来。"

杰瑞在办公桌后面默不作声地坐了几分钟，最后他说："也许我们会再多开一两家浓缩咖啡店。"

"但还可以更多一些，把规模做得更大一些。"舒尔茨知道如果他接受了这个让步，星巴克的发展就有了更广阔的空间。

"星巴克不需要把规模做得更大，如果你让更多的顾客进进出出，我们就不可能用以前那样的方式来了解他们了。"

"在意大利，咖啡师傅都认识他们的顾客。"舒尔茨回答。

"再说，我们现在也负担不起，我们负债太多了。"杰瑞站起来，准备回家去了，可是见舒尔茨不肯结束谈话，便又强调说，"我很抱歉，霍华德，我们不能这么干，你得明白这一点。"

舒尔茨郁闷了好几个月，他似乎被两种情感撕成了两半：一边是对星巴克的忠诚，一边是对意式浓缩咖啡吧的前景的信心。失落并失望的舒尔茨开始考虑离开星巴克。浓缩咖啡吧的事业很有前途，舒尔茨深信这一点，他也知道自己不会放弃。

一个周末，舒尔茨到运动俱乐部的球场去打篮球，结识了在大公司做律师的斯考特·格林伯格。斯考特当时是一个法人律师，他的工作是为企业的诸多事务提供咨询服务，从私募资金到公募资金。他们年龄相仿，十分投缘，很快成了朋友，斯考特很喜欢星巴克的咖啡，所以舒尔茨经常会带上一包咖啡送给他。当舒尔茨和他说起自己打算独立出来开一家浓缩咖啡店时，斯考特表达了投资的兴趣。

最终舒尔茨决定离开星巴克，另立门户。从某些方面来说，离开原来的公司去开自己的公司真是需要莫大的勇气。从父亲身上，舒尔茨知道丢了工作会导致家庭的不稳定，甚至瓦解。而母亲挂在嘴边的口头禅是："你有一份好工作，为什么放弃呢？"问题是，在舒尔茨看来，这个变动与梦想完全一致，也符合最初的向往：为自己和家人做些事情，做些独特的事情，把命运掌握在自己手里。在那段时间里，失去工作的不

和创造世界名牌的人

一起放飞梦想

Let the dream fly

安全感，出人头地的渴望，想永远摆脱父母在苦境中挣扎带来的影响……各种情绪同时在舒尔茨的脑海里交织。

舒尔茨盘算着先开一家店，他需要至少募集到40万美元的创业基金；走出这一步后，他打算再用125万美元，开8家咖啡店。当时的西雅图经济还有些萧条，人人都说这不是做生意的好机会，而做一门新的生意更像是发疯。但当时，舒尔茨的确是"疯了"。舒尔茨把这些经济萧条的气象当成了一个宏大的机遇。"只有经济消退了，人们才有心情坐下来喝杯咖啡，发展一下邻里情义。"他说。

妻子的支持成为舒尔茨单干的又一动力。当时雪莉怀了他们的第一个孩子，而舒尔茨的工作是要为星巴克募资，没有工资。雪莉的父亲拉着舒尔茨跟他去散步。他们坐下来，这位为女儿生活担忧的父亲诚恳地说："霍华德，我知道你有一个梦想，但是你没有工作，你得有一份实际的工作。"而庆幸的是，就算在这个时候，妻子雪莉依然坚定地站在舒尔茨的身后。

舒尔茨终于拿到了新公司的执照，开始四处筹集资金。当时美国的咖啡销量正在日趋减少，而他们的一杯咖啡，要卖到2美元。另外，所有的咖啡饮料都是用意大利文命名的，没有一个美国人可以读出正确的发音。这就像刚开始推销的日子，舒尔茨再次品尝着四处碰壁的滋味。舒尔茨后来回忆说，在那段日子里，他就像一条夹着尾巴的狗。人们把他关在门外，用怀疑的眼光去看他，抽光他全部的底气，但是舒尔茨仍然坚信他会实现梦想。

最令舒尔茨意想不到的，是杰瑞·鲍德温的慷慨。一天，杰瑞·鲍德温给他来了电话，舒尔茨来到杰瑞的办公室，杰瑞拿出了15万美元，作为星巴克给舒尔茨的投资，"这不是我们自己想要的公司，但是我们支持你"。舒尔茨万万没有想到，星巴克竟是他的第一个投资人。不仅如此，他的前任老板杰瑞和戈登还愿意免费为他提供技术支持，甚至为他的店名出谋划策。他们为新公司起名为"天天"，用意大利文的写法是Goirnale。"天天"是意大利一家最有名的报纸的名称，Goirnale就是"每天"的意思，你每天要看报，每天要吃面包，每天要喝咖啡。如果他们以意大利的方式每天优雅地提供咖啡，人们就会每天都光顾他们的店。

1985年12月，在戈登的陪同下，舒尔茨踏上了意大利的募资之旅。他们的最大期望是"飞马"公司，这是一家米兰的浓缩咖啡机生产商。舒尔茨曾在电话里把自己的想法告诉过他们，他们也显得挺有兴趣。舒尔茨向"飞马"公司解释了他们打算如何把意大利的浓缩咖啡体验在美国进行一番新的改造，最后要扩张到50家店铺。他尽可能展现自己雄辩的才华，对美国潜在的市场机会和意式咖啡的魅力做出分析。然而，在一番短暂讨论之后，他们拒绝了舒尔茨的募资请求。他们坚持说，美国人永远也不可能接受意大利人享用浓缩咖啡的方式。虽然舒尔茨也知道对于吸引外国投资者来加盟一个名不见经传的美国小公司不能抱过于乐观的态度，但"飞马"公司的拒绝还是让他感到沮丧。这就意味着他得挨门挨户地去筹集开业所需要的170万美元的资金。

这的确让人泄气，但是在意大利沮丧的心情并没有持续太久，舒尔茨和戈登在米兰和维罗纳光顾了500家左右的咖啡店，他们记着笔记，拍下照片，记录着意大利咖啡师对咖啡的艺术表演。他们还观察当地人的习惯，店面的设计和制作咖啡的技术。他们喝过许多咖啡，尝过许多意大利美酒，吃过许多当地的美食。他们坐在户外的椅子上，在阳光下勾画各种计划和蓝图，盘算着如何能将这一切原原本本地带到西雅图。

回到西雅图，舒尔茨依旧信心十足，但仍然四处碰壁。最终，舒尔茨通过妻子雪莉认识了第一个投资人——罗恩·马格里斯，雪莉通过某种专业关系结识他的妻子卡罗尔。一个秋日里，这三人在满地落叶的西雅图公园里遛狗时碰到了。马格里斯夫妇带着一个婴儿，雪莉正怀着孩子。罗恩以前当过产科医生，于是三人围绕着孩子展开了话题。当雪莉说到丈夫想开一家自己的公司时，罗恩告诉她："如果霍华德想开一家公司，我可以保证让他成功，不过我得了解一下他的情况。"从某种意义上，他是舒尔茨不会想到的投资人，他不爱喝咖啡，也对舒尔茨的财务计划不感兴趣，他看重的是激情、真诚和热情。他慷慨地给了舒尔茨一张10万美元的支票，这也让舒尔茨的募资之路变得平坦许多。

1986年1月，舒尔茨的儿子出生，这个时候他终于募集到了种子基金40万美元。大部分来自星巴克和罗恩·马格里斯，其余部分来自阿尼亚·普林蒂斯和他的客户。阿尼亚·普林蒂斯是一家金融服务公司的联署董事长，他既知道星巴克，也了解浓缩咖啡，是第一个认准舒尔茨的计划能获得成功的人。种子基金到手，舒尔茨在西雅图哥伦比亚中心最高的摩天商务大楼租到店面，开出"天天"咖啡馆的第一家店铺。

舒尔茨的理想之船启航了。1986年4月8日是"天天"开张的日子。舒尔茨早早来到店里，紧张地左顾右盼。早上6：30，第一位顾客已经等在门外。她走进来，径直买了一杯咖啡。随后，顾客越来越多，大家亲切地打招呼、聊天。这种气氛正是舒尔茨最想要的。开业6个月后，新店每天的接待量超过1000名顾客。但是，舒尔茨很快就遇到了麻烦——创业基金即将用完。此外，他曾以为，只要6个月就可以吸纳到实施他第二步计划所需的全部资金。但实际上，这个过程用了两年。质疑的声音铺天盖地。

"Goirnale？你能发出这个音吗？"

"你为什么要离开星巴克？真是太蠢了。"

"你为什么认定这主意会成功？美国人怎么也不会为一杯咖啡去花美元！"

"你根本没用脑子想想，这完全是发疯的举动，你应该去找份工作。"

在筹集资金的那几年，舒尔茨和242个人谈过话，其中有217个人对他说"不"。想想看，有那么多人说你的计划不值得投资，你会是怎样的伤心。有些人听舒尔茨讲了一个多小时，就再没有回音了；而有些人干脆连电话都无法接通。那是一段低迷的日子，也是一段磨砺的岁月。最难的还是要保持自己不气馁的精神——你不是去拜访一位非常有希望的投资者，也不是去向一个对你的计划充满热心并富有激情的人展示你的全部规划，相反，你将要面对的可能都是质疑你的人。

舒尔茨最终决定去拜访西雅图三位最有名的企业领袖，会见在西雅图最高的商务大厦顶层举行。会面前舒尔茨绕着街区走了3圈，来安抚自己狂乱的心跳。最后，他的展示和游说大获成功——企业家们决定"砸"下75万美元。

最终，舒尔茨从大约30位投资者那儿筹到了包括种子基金在内的165万美元，"天天"终于渐渐走上正轨。而舒尔茨也没有就此停歇，他渴望把这个咖啡梦做得更大，虽然当时"天天"只有3家店——西雅图的两家咖啡吧，加上加拿大温哥华的一家。但舒尔茨想，如果咖啡豆零售与咖啡饮品的结合能够推向全美，或许就应该在远离西雅图的地方进行试验，而且越快越好。芝加哥成了他的目标。芝加哥在西雅图2000英里以外，从距离上看很难及时向那边供应新鲜烘焙的咖啡豆，但舒尔茨执意要去芝加哥。那是个气候寒冷的地方，很适合饮用热咖啡。芝加哥的中心区域要比西雅图大得多，那是一个充满邻里情谊的城市，人们喜欢聚集到本地的一些公众场所。在1971年之前，西雅图人压根儿不知道什么叫重烘焙咖啡，怎么见得芝加哥人就不会很快学着喜欢这一套？说不定比西雅图人学得更快呢！于是，"天天"咖啡公司就开始了它的扩张步伐。

霍华德·舒尔茨正在筹划着他的扩展计划时，更大的机遇鬼使神差般地降落在了他的头上。就在此时，舒尔茨获悉：他原来的老板准备卖掉星巴克。由于经营出现困难，戈登等人决定卖掉星巴克在西雅图的整个运营，包括西雅图所有的星巴克店和烘焙厂，以及星巴克的商标。得知消息的舒尔茨近乎狂喜，他闪电般地做出了出手购买的决定，并得到了公司股东的普遍支持。当时，星巴克的规模比"天天"大得多。这好比鲑鱼要吞下鲸，儿子要领导父亲——当年星巴克收购毕特咖啡的景象重现了。但对舒尔茨来说，这根本不是什么问题，他对星巴克充满信心。在星巴克收购还没有完成的时候，为了在芝加哥选店址，舒尔茨和杰克·罗杰斯一起去考察了一番。杰克是"天天"的早期投资人，做连锁店和餐馆很有经验，他后来成了舒尔茨的朋友和顾问，也是"天天"董事会的一员。当他们穿过芝加哥拥挤的街道去看店址时，舒尔茨对杰克说："从现在开始再过5年，这儿走过的每一个人都要端起星巴克的咖啡杯。"

1987年，舒尔茨终于募集到了足够的风险资金，买下了星巴克的全部股份，开始放开手脚实现自己的梦想，投资者们再次把信任投给了他，为他凑足了收购星巴克所需的400万美元。而执行这笔交易的律师就是舒尔茨的老乡老比尔·盖茨。老盖茨回忆道："舒尔茨有着罕见的才干，他做事坚韧不拔，为人正派。他是一个传奇。"

5个月后，星巴克公司归属于霍华德·舒尔茨名下。在股东的拥戴之下，35岁的舒尔茨坐上了星巴克公司主席和首席执行官的席位。1987年一个阳光灿烂的下午，舒尔茨签署了收购星巴克的文件。然后，他像往常一样来到咖啡店，轻松地和咖啡师打了个招呼，然后坐在靠窗的一张凳子上。此时，他已经从一个当初的雇员，成为星巴克的总裁。店员们看到，他们的老板端起了一杯咖啡，眼睛里闪烁着泪光。

第三节　星巴克的完美转身

> 如果你能够不放弃，你总有机会实现更远大的梦想。
>
> ——霍华德·舒尔茨

一夜之间，霍华德·舒尔茨的咖啡公司从3家门店扩至11家。霍华德·舒尔茨第一个重大决策就是在保留"天天"经营模式的情况下，不再用这个名字，而是改用星巴克的名字及标识。尽管在情感上，舒尔茨对"天天"还有依恋，但是他也深知这将成为过去，星巴克已成为高品质且独一无二的咖啡品牌，早已获得了顾客的认可。星巴克的名字蕴含了似曾相识的神秘特质，反映了服务与产品的精髓，也表达了对顾客的承诺。于是，这家始于"天天"的咖啡公司以"星巴克"之名开始了闻名于世的旅程。

最初在星巴克工作的那几年，舒尔茨就形成了自己独特的咖啡思想。他想要在咖啡——这种老掉牙的普通商品里，加入浪漫情怀和人际关系；他要重新发掘出环绕在咖啡周围几百年之久的迷人特质和神秘氛围；他要顾客对咖啡店里的气氛、风格以及文化着迷，以至于无法摆脱。在舒尔茨的构想中，咖啡店应该是人们日常生活的"第三个好去处"，是除了家和工作地点以外的另一个舒适的社交场所。收购星巴克后，舒尔茨就致力于打造一个这样的"第三个好去处"。舒尔茨为了实现这一设想，在开出第一家销售滴滤咖啡和浓缩咖啡饮料的门店后，又陆续扩大自己的经营版图，从此带领公司跨越了数座里程碑。

在星巴克第一次员工大会上，舒尔茨宣布了自己的目标：建立一家全国性的公司——将来所有人都会为他感到骄傲的公司。童年时代目睹了父亲在工作中的遭遇，他希望能让自己公司的每个人都受到足够的尊重，找到存在的价值。重新入主星巴克后，舒尔茨发现了一道现实的沟壑：星巴克的职业道德状况非常糟糕。大家都愤世嫉俗，这是一种有才华而无以施展的沮丧表现，当初那些无处不在的信任和共识都已经消失了。赢得员工的信任成了当务之急。要赢得员工的信任，唯一的方式就是真心对待他们，与他们分享梦想与未来的规划，还要兑现承诺。1988年，星巴克成为美国第一家为临时工提供完善医疗保健的私营企业。1991年，通过"咖啡豆股票"计划，星巴克把员工变成了拥有股东期权的合伙人。20世纪90年代中期，星巴克的员工跳槽率仅为60%，远远低于快餐行业钟点工的140%—300%的跳槽率。在公司内部唤醒了员工的信任，努力填平管理层和员工之间的沟壑的同时，舒尔茨也在制定星巴克独特的发展计划。

星巴克在西雅图发展得顺风顺水，舒尔茨的眼光却更加长远，他希望在其他城市也能见到人们拿着星巴克的杯子。最初在芝加哥的小试牛刀虽然充满波折，但芝加哥人终于也都慢慢喜欢上了重烘焙咖啡。星巴克与芝加哥的文化习俗结合得如此水乳交融，让舒尔茨向外拓展的雄心也变得越来越大。

到1991年，星巴克才最终圈定从芝加哥到沿太平洋西北部地区的扩展版图，从波特兰开始，穿过西雅图，直抵温哥华。星巴克向各地拓展的做法是先攻下该地区的大城市，塑造良好的口碑后，再以此为中心，向周围较小的市镇进军。星巴克的绿色店铺在美国越开越多。在拓展过程中，星巴克会先参考各地的人口结构资料，仔细进行分析，确定有合适的客户群之后，才会进入该地区。在商圈选择上，除了考虑区域的人流与经济状况外，还注意与当地风土民情相结合。在店堂设计上创造了遍及全球的统一外观，同时每间咖啡店的设计又不失自己独有的风格。星巴克将市场定位在注重享受、休闲、崇尚品味、富有小资情调的城市白领。顾客在星巴克购买咖啡的同时，也得到了一种体验。他们的策略是以最好的咖啡、最好的服务、最亲切的氛围来赢得顾客。

在原有的基础上，星巴克在1988年财务年度又开出15家新店，在1990年财务年度开了30家店，在1991年财务年度开了32家店，在1992年财务年度又开了53家店，而且所有的店都归星巴克所有。

然而在这种快速发展的态势面前，最大的质疑阻力来自如何保持咖啡的风味和品质。就连毕特，一个一生致力于咖啡烘焙事业的人，也预言如果星巴克要面向全美，将毁掉它赖以生存的咖啡品质。他们的怀疑原因出于一种传统的咖啡理念：一般而言，出售整颗咖啡豆的企业，应该把市场放在本地，咖啡店必须要临近咖啡烘焙厂。如果要把咖啡豆穿过半个大陆运往外地，咖啡豆会失去原有的风味和新鲜口感。

但在1989年，星巴克就解决了这一技术难题。他们使用一种"咖啡保香袋"的真空包装，用一次性阀门使二氧化碳气体逸出，不让有害气体和潮气进入袋内。这种装置是星巴克为了大宗交易而准备的，但现在被用作咖啡豆的保鲜设置，刚烘焙出的咖啡豆5磅一包用锡箔纸裹封运往各地。但是"咖啡保香袋"一旦被打开，就要在7天之内使用掉，逾期就要捐给慈善机构，这样星巴克咖啡的品质即使在几千英里以外的地方也得到了保证。

为了保证品质，星巴克最初还坚守着四大原则：

拒绝加盟，星巴克不相信加盟业主会做好品质管理；拒绝贩售人工调味咖啡豆，星巴克不屑以化学香精来污染顶级咖啡豆；拒绝进军超市，星巴克不忍将新鲜咖啡豆倒进超市塑胶容器内任其变质走味；选购最高级的咖啡豆，星巴克要做最完美烘焙的目标永远不变。

但是也正因为这些坚持，使星巴克处于市场竞争劣势。后来出于竞争的考虑，星巴克对有些内部规则做了妥协。例如1997年进入超市，特殊区域（如机场）和一些国外市场（如新加坡）采取授权加盟方式（但比例不到10%）；提供低脂奶调制的咖啡饮料（星巴克为保证浓缩咖啡的正宗味道都是全脂奶调制）等，都是随环境和市场变化而与时俱进。重要的是，当初的坚持已为建立品牌提供了最大助力。但无论怎么调整，星巴克都是在确信不会改变品质，不会稀释公司所关注的核心价值的前提下进行的。

1990年初，舒尔茨带领星巴克高层管理团队，审慎地分析了公司的价值观核心，起草了一份使命宣言：

将星巴克建成全球极品咖啡的翘楚，并在公司不断发展的过程中，坚守自己一贯的指导原则。下列六项原则将帮助我们判断公司各项决策的正确性：

提供完善的工作环境，创造相互尊重、相互信任的工作氛围。

将多元化作为公司的基本要素。

在咖啡产品的购入、烘焙及保鲜运输过程中，保持最高质量标准。

永远以热情的服务使顾客满意。

对我们的社区和人居环境做出积极贡献。

明确利润增长是公司未来成功的要义所在。

星巴克的一位员工说："这儿来往的并非只是躯体，这儿充满了灵魂。"正是"星巴克的使命宣言"和星巴克独特的企业家精神，造就了星巴克的成功。

1992年6月26日，星巴克在美国号称高科技公司摇篮的纳斯达克成功上市。那天，星巴克的高层来到西雅图市中心的证券交易所，盯着屏幕上代表星巴克的股票代号SBUX，等待着交易的开始。一开盘，股价就涨到了21美元，他们禁不住欢呼了起来。在整个纳斯达克市场上，星巴克是当日第二只最活跃的股票。到收盘时，星巴克的总市值达到2.73亿美元——而5年前霍华德·舒尔茨买下星巴克时，它还不到400万美元。霍华德·舒尔茨春风得意地告诉整个世界："我是一个梦想者。"他果然创造了一个神奇的梦。

在1992年星巴克股票上市之前，星巴克只是在美国西海岸有一定的知名度，其他地方的人还不知道有这么一个咖啡公司，更不知道它的咖啡如何了。但是，在准备上市的过程中，美国大大小小的媒体都在报道星巴克这个公司，介绍它的咖啡是如何如何好。这样一来，连还没喝过星巴克咖啡的人都好奇了，也想去试试，一下把星巴克咖啡变成时尚品了。股票上市之后，股价一天天涨，这本身又使星巴克成为新闻，使更多人对星巴克好奇。就这样，虽然星巴克没花钱做广告，但其效果胜过广告。

在华尔街的成功给星巴克带来了光彩，但也带来了更多的责任和负担，星巴克再也不能回到那些小公司简单运作的日子了。一天，一家报纸的报道让舒尔茨恼怒不已。一位华尔街权威人士预测星巴克会栽大跟头，他认为星巴克是被高估了，而且预言当年年底的股价将降至8美元，这个不详的预测给星巴克的成功蒙上了一层阴影。舒尔茨把这篇报道剪下来放在了办公室的抽屉里，每天早上都要看一下，这个预言成了星巴克的警示牌。幸运的是，6个月后的结果证明了这位权威人士预测的错误：星巴克的股价继续走高。星巴克没有栽跟头，但也带来了更多的期待。

作为一家传统的咖啡连锁店，1996年8月，为了寻求更广阔的海外发展空间，舒尔茨飞到日本东京，亲自为第一家海外店督阵。之后，星巴克大力开拓亚洲市场，并进入中国。有了强大的资本后盾支持，星巴克的经营一飞冲天，以每天新开一家分店的速度快速扩张。自1992年星巴克股票上市以来，其销售额平均每年增长20%以上，利润平均增长率达到30%。经过10多年的发展，星巴克已从昔日西雅图一条小小的"美人鱼"进化到今天遍布全球600多个国家和地区，连锁店达到1万余家的"绿巨人"。

Starbucks

第三章　星巴克体验

Starbucks

第一节　好咖啡从咖啡豆开始

将每一粒咖啡豆的风味发挥尽致。

——星巴克口号

霍华德·舒尔茨一直认为星巴克品质的基石是1971年星巴克刚诞生时就致力经营的顶级重烘焙咖啡豆。为了保证咖啡豆的品质，转型后的星巴克设有专门的采购系统。他们常年旅行在印尼、东非和拉丁美洲一带，与当地的咖啡种植者和出口商交流、沟通，购买世界上最好的咖啡豆，以保证让所有热爱星巴克的人都能品尝到最纯正的咖啡。星巴克对咖啡品质的关注从咖啡豆还在成长的时候就已经开始了：十分挑剔地选择咖啡豆，从品种到产地到颗粒的形状，每一个环节都有严格的标准；星巴克绝不让未经专家严格品评的咖啡豆进入市场。其咖啡品评专家每年要品评10万杯以上的咖啡以确保品质，他们以杯评法挑选最好的咖啡豆，然后决定精准的烘焙程度，令每一种咖啡的独有滋味都得以完全释放。

咖啡豆来自咖啡的果实，它是一种有着红色果皮的水果，成熟时比蔓越莓还要小一些，每个果实里面都有两个绿色的咖啡豆。咖啡这种植物的起源可以追溯到百万年以前，事实上它被发现的真正年代已不可考。相传咖啡是由埃塞俄比亚高地一位名叫柯迪的牧羊人发现的，当他发觉他的羊儿在无意中吃了一种植物的果实后，变得神采奕奕，非常活泼，充满活力，从此便发现了咖啡。最初，阿拉伯人食用咖啡的方式是将整颗果实放在嘴里咀嚼，以吸取其汁液。后来，他们将磨碎的咖啡豆与动物的脂肪混合，作为长途旅行的体力补充剂。一直到约公元1000年，绿色的咖啡豆才被拿来在滚水中煮沸成为芳香的饮料。又过了3个世纪，阿拉伯人开始烘焙、研磨咖啡豆。由于古兰经中有严禁喝酒的规诫，使得阿拉伯人消费大量的咖啡，因而从某种程度上说，宗教其实也是促使咖啡在阿拉伯世界广泛流行的一个重要因素。

看起来非常不起眼的咖啡豆依生长地区的不同而有味道上的差异。不同咖啡树的品种、类别、生长的土壤性质、栽培园的气候及海拔、采摘成果的谨慎、豆子处理的过程等都会对它潜在的风味带来影响。比如，拉丁美洲峭壁上的咖啡豆制成的咖啡，味道宜人，有着坚果或者可可的味道；而其他地区的咖啡豆制作出来的咖啡口味则更加浓郁，有着泥土和芳草的芬芳。无论在哪里种植，最好的咖啡豆都是有着令人着迷的风味和特性的。阿拉比卡咖啡豆是商业咖啡中重要的一种，结果期在三年以内，有优质的香味和酸味。阿拉比卡咖啡豆主要产地是南美洲、中美洲和非洲。这种咖啡豆总是在某种恶劣的条件下生长，比如高海拔、酷热或者长期干旱。这样恶劣的天气虽然可以产出高品质的咖啡豆，但是每株的产量却非常少，这使得购买阿拉比卡咖啡豆的成本非常高。所以很多普通的咖啡商宁愿选择价钱便宜的罗布斯塔咖啡豆——一种生长在变化不大的温和气候中、单株产量很高、价格较便宜的咖啡豆。但是在40多年的历史中，星巴克从未改变初衷，从来没有一磅的罗布斯塔咖啡豆出现在星巴克的产品中。星巴克的咖啡豆都是来自高原的阿拉比卡咖啡豆，因为只有顶级的咖啡豆才能在神秘的星巴克烘焙法的帮助下将咖啡的口感发挥到极致。每一粒咖啡豆在外行看来都差不多，但在星巴克专家眼里，它们各不相同。从被采摘到被星巴克的采购人员选中，每颗咖啡豆需要经过三次检查：应用C.A.F.E.采购方法（咖啡和种植者公平方法）选定咖啡种植区和咖啡品种之后，星巴克的采购人员会先查看样品，装货时再进行第二次检查，装船之后还要做最后一次验货。任何一次未达标，星巴克就会当场拒收。所以，星巴克的每粒咖啡豆在进行烘焙以前，都是咖啡豆中的精品。在这样层层筛选后，全世界只有3%最高品质的阿拉比卡咖啡豆才有资格进入星巴克。

烘焙咖啡豆是一个微妙的过程，需要经过深思熟虑，从而严格地掌控时间和温度。任何关心质量的咖啡生产商都有着自己的一套烘焙理念。在星巴克，这个理念就是烘焙出品质最佳的咖啡豆，让咖啡豆的风味得到最大程度的发挥。星巴克的每一次烘焙都是所谓的"深度烘焙"，这就意味着星巴克烘焙咖啡豆的时间比大多数同行都要久，深度烘焙的咖啡豆颜色为深褐色，表面泛油，这种方式更能将咖啡的醇香、苦涩和酸味提炼出来。

像烘焙一样，调制特殊的咖啡饮品也是一门艺术。很多咖啡店将不同类型的调料混合在一起以掩盖劣质咖啡的味道，但星巴克一直以混合为契机来提升世界各地的咖啡口味。尽管在美国本土，星巴克的味道也曾经受到过非议，星巴克也顺应市场需求几经改良，但始终没有抛弃最初的咖啡追求：醇厚的口感。每天，星巴克都要售出数百万杯的拿铁和卡布奇诺，消耗大量的牛奶。为了保证咖啡的品质，舒尔茨禁止门店使用前一天剩下的奶泡。这也意味着，星巴克每天都得把价值数百万美元的牛奶倒入下水道。于是，聪明的店长们开动脑筋，终于找到了解决方法。他们在蒸馏机里打上刻度，这样就能掌握奶泡的用量。这样，既保证了调制咖啡的新鲜度，又有效地限制了浪费，节约了成本。如今，发明这道刻度线的人已经成为星巴克的一个传奇。

星巴克咖啡的品种繁多，在制作上有着几乎苛刻的要求。例如，每杯浓缩咖啡要煮23秒，拿铁的牛奶至少要加热到华氏150度，但是绝不能超过170度。为了保持咖啡新鲜的口感，鲜煮咖啡在出售前不会放置超过一个小时，30分钟是最长的"保鲜时间"，超过这个时间的咖啡就要被倒掉。挑剔的咖啡豆选择和严格的咖啡制作程序，保证了星巴克全球一致的管理、品质和口味。

星巴克将咖啡豆按照风味分类，使顾客可以按照自己的口味挑选喜爱的咖啡。口感较轻，且活泼诱人，让人精神振奋的是"活泼的口味"；口感圆润、香味均衡、质地顺滑、醇度饱满的是"浓郁的口味"；具有独特香味、吸引力强的是"粗犷的风格"。这种对产品的深加工，从根本上提高了产品的"附加值"，使顾客对咖啡的体验更加着迷。

咖啡的品质，是星巴克体验的灵魂与核心，而咖啡师就是这个灵魂的掌控者。星级咖啡师们拥有的咖啡热情、娴熟技艺，以及他们与顾客之间深厚的情感连接，奠定了星巴克的成功。要成为星级咖啡师，首先必须在星巴克门店经过至少两周及80小时以上的严格培训。培训内容包括全面的咖啡理论知识、手工制作星巴克咖啡饮品的技艺、咖啡品鉴能力、提升顾客体验的沟通与服务能力，以及深入理解星巴克的核心价值与使命——激发并孕育人文精神。培训之后，还必须经过具备资质的带训师的认证考核，才能最终获得星巴克"星级咖啡师"资格，开始正式为顾客制作饮品和提供纯正的星巴克体验。接下来，星级咖啡师们还会经历长期持续的学习和成长旅程，在实践中不断提升自己的专业度，并朝着更资深的方向发展。星巴克致力于帮助每一位星级咖啡师获取在职业发展上所需要的技能，以激励他们发挥最大的潜能，实现职业理想和抱负。因为，一个好的咖啡师，也成就了一杯杯的好咖啡。

从一个绿色的咖啡果实，到最终呈现在顾客面前的冒着香气的精制咖啡，好咖啡始终是星巴克的不懈追求，也是星巴克体验最本源的东西。星巴克正是用一颗颗无可挑剔的咖啡豆开启了万千顾客的星巴克体验。

第二节　贩售的不只是咖啡

> 星巴克出售的不仅仅是咖啡，而是伴随着咖啡服务的总和，是对咖啡的体验。
>
> ——霍华德·舒尔茨

星巴克在全球引起一股风潮，咖啡出色是它最终成功的关键。但随着时间的推移，人们逐渐发现，星巴克贩售的不仅是咖啡，还有更多。星巴克的产品不单是咖啡，咖啡只是一种载体。而正是通过咖啡这种载体，星巴克把一种独特的格调传送给顾客。木制桌椅、轻松优雅的音乐、考究的咖啡器具、煮咖啡时的"嘶嘶"声、铲咖啡豆的"沙沙"声、弥散的咖啡香，是星巴克留给客人的印象，也是星巴克一直追求的独特格调。咖啡的消费很大程度上是一种文化层次上的消费，文化的沟通需要的就是咖啡店所营造的环境文化能够感染顾客，让顾客享受，并形成良好的互动体验。

在美国，人们每天例行的人际交谊活动正在逐渐丧失。在20世纪80年代，甚至到了90年代中期，美国人唯一可以去的室内公共场所就是小餐馆、为数不多的本土咖啡馆以及图书馆，这是他们结束一天繁忙的生活后，外出、会友或者放松的去处。越来越多的人过着两点一线的生活——从家到工作地点，远距离的则是通过电话、传真、互联网彼此联络，人与人之间的亲近感越来越稀疏。在互联网越来越盛行的时代，许多人除了电脑以外没有任何其他的互动关系。去咖啡店是为了建立他们所需要的基本的人与人之间的互动关系。在许多城市，像西雅图，都出现了电脑咖啡吧，成了那些喜欢咖啡、电脑和社交活动的人们的聚会场所。

当你路过咖啡店时，看到的是那些排队或就座的各类顾客，那些西装笔挺的男男女女、那些推着婴儿车的父母、那些努力学习的大学生们、那些嬉笑怒骂的中学生、那些深情交谈的夫妻和那些读着报纸谈着时政的退休人员。当然，还有无数的时尚达人们，他们坐在笔记本电脑前搜索信息、下载资料、听音乐，浏览或撰写文章、博客、商业企划、简历、信件、邮件、即时信息……他们随心所欲地做着自己想做的事。那些匆匆忙忙的人中会有多少正在创建着下一个谷歌、阿里巴巴或是脸谱的人，又有多少人正在创作一部小说或者谱写一段乐曲。

星巴克为走进它的每一个人创造更多的可能。如果说家是最初的或是人与人接触的"第一空间"，工作地点是人们彼此接触的"第二空间"，那么公共空间，像咖啡馆，就是"第三空间"。一个介于社交与私人空间之间，介于家庭与工作环境之间的场合，人们可以在这里联络感情，也可以反思自己。星巴克探察出这种趋势，在忙乱、寂寞的都市生活中，把咖啡店装点成生活的"绿洲"，让附近民众有休憩的小天地、静思的环境和交际的场所，为人们塑造了一个除了家和上班之外的"第三生活空间"。

星巴克被誉为"全球领先的精品咖啡零售商、烘焙者及品牌"，这些都是星巴克管理人员引以为傲的资本，但是他们明白，星巴克门店之所以能够宾客盈门，是由于顾客对于星巴克体验的热衷。从本质上来说，人们会选择那些个人需求受到尊重、让人踏实有归属感的舒适环境，而星巴克希望的正是在为顾客奉上优质饮料和小食品的同时，也为他们送去一份鼓舞人心的体验。星巴克的很多事情都是在"淡淡"中进行的，淡淡的咖啡香，淡淡的微笑，淡淡的店内音乐，体验中的淡淡休闲。星巴克具有一种更为深沉的浪漫情怀，也给予人们一种与咖啡同样有吸引力的氛围：

第一，品尝浪漫。人们在日常生活中每天抽出10—15分钟，来星巴克店里小憩片刻。除了这里，你还能在哪儿找到一进门就闻到苏门答腊或是哥斯达黎加咖啡香味的地方？在意大利以外，你还能去哪儿体会到维也纳或是米兰风情？只要一杯星巴克咖啡，你就能在平凡的生活中感受到一些异域情调，平添一丝浪漫。有好多夫妻给星巴克写过信，他们在这里约会过，在这里享受了浪漫的情调，甚至还有一对夫妻在星巴克结了婚。

第二，负担得起的奢侈消费。在星巴克店里，你会发现，警察或者蓝领工人和一个富有的外科医生一起排队等着咖啡。蓝领工人可能买不起外科医生开来的奔驰车，但是他们能同样花上2美元点上一杯卡布奇诺，同样享受着世界一流的咖啡。在星巴克咖啡世界里，人人都可以没有负担地享受纯正的咖啡。

第三，都市绿洲。在这个日益分崩离析的世界上，星巴克正向世界提供一个宁静的殿堂。星巴克向你提供咖啡，向你送来微笑，但却从不会来打扰你。一走进星巴克，人们就可以获得片刻的喘息，从繁忙的生活中暂时得到解脱。当都市生活压得这个城市里的人喘不过气时，工作、学业、升值、加薪、股票、孩子、人际关系等，人们每天都在为生计奔忙，需要一个地方放松身心，星巴克正在努力打造这片绿洲。

第四，小资体验。许多顾客认为花费5—10分钟的时间到星巴克品尝异国情调的咖啡，体验雅皮的感觉，能为乏味的日子增添浪漫情趣。在这里，他们要的不是喝一杯咖啡，而是享受喝咖啡的时刻。"星巴克"这个名字来自美国作家梅尔维尔的小说《白鲸记》中爱喝咖啡的大副，梅尔维尔在美国和世界文学史上有很高的地位，但他的读者群并不算多，没有一定文化修养的人是不可能去读《白鲸记》这部书的，更不要说去了解星巴克这个人物了。星巴克也因此网罗了一群注重享受、休闲、崇尚知识、尊重人本位的富有小资情调的城市白领的心。在小资当中流行着这样一句很经典的话：我不在办公室，就在星巴克；我不在星巴克，就在去星巴克的路上。泡星巴克，是小资们生活中不可或缺的节目。毫无疑问，这杯名叫星巴克的咖啡，是小资的标志之一。

第五，悠闲的社交互动。美国社会学家欧登伯格在《伟大的场所》中指出，大众需要有非正式的公共场所，供他们交友、聊天、聚焦、解脱，暂时抛开家庭和工作的压力。因此，德国有啤酒屋，英国有小酒吧。现在，世界各地都有星巴克，这里提供了一个人人平等的休闲场所，让顾客尽情交谈。人们也许不知道他们需要的是一个安全的、舒适的、具有邻里情谊的聚会场所，也许不知道自己会爱上意大利的浓缩咖啡。但星巴克把这些东西呈现出来，人们完全沉浸在这种悠闲的社交互动中。

为了与星巴克的忠实顾客们架起情感的桥梁，许多细节都被纳入星巴克管理者的考虑范畴，而其中最重要的因素，就是星巴克人的情感投入。星巴克人深知人与人之间沟通的重要，领导者倾注大量的时间，协助门店员工们抓住每次机遇，为接受服务的顾客带来积极正面的体验。星巴克文化与领导发展部的高级副总裁戴夫·奥尔森一语切中主题："如果我们的咖啡不合顾客的口味，那我们卖出成千上亿杯咖啡也是枉然。星巴克必须始终如一地主动为顾客提供个性化的服务，这个承诺绝非儿戏，我们会坚持每次都为顾客呈上合乎口味的饮品，在此过程中为顾客量身打造星巴克体验。"

2001年底，美国凯洛格管理学院的调查表明：成功的公司都用一种前后一致的、明确的多层面方式来定义和运用感情关系。星巴克崛起之谜在于添加在咖啡豆中的一种特殊的配料：人情味儿。

舒尔茨为星巴克打上的价值烙印就是：星巴克出售的不是咖啡，而是顾客对咖啡的体验。"以顾客为本，认真对待每一位顾客，一次只烹调一杯咖啡"，这句源自意大利老咖啡馆公益精神的企业理念，衍化为星巴克注重"当下体验"的观念。在霍华德·舒尔茨的构想中，星巴克要拥有一个很重要的竞争战略，那就是在咖啡店中同客户进行密切交谈。星巴克特别注重与顾客之间的当面沟通，每一个店员都曾经受过一系列的如基本销售技巧、咖啡基本知识、咖啡的制作技巧等方面的培训，可以和客人围绕着咖啡的话题畅所欲言。

星巴克要求每一位员工都能够预感顾客的需求，并为顾客提供超出预想的服务。

星巴克员工为每一个顾客献上诚心诚意的微笑，努力记住顾客的名字，和顾客建立起情感的桥梁。

就像麦当劳一直倡导出售快乐一样，星巴克把美式文化逐步分解成了可以体验的东西，强调气氛的管理、个性化的店内设计、暖色的灯光及柔和的音乐。在星巴克，每一位顾客获得的体验已经远远超出了咖啡本身。正如霍华德·舒尔茨所说："星巴克的产品不是咖啡，而是咖啡体验。"

第三节　星巴克的成功秘诀
——赢得口碑

> 我们的文化以情感关系为导向，以信任为基础，我们所说的伙伴关系涵盖了这个词所有的层面。这种情感关系非常有价值，应该被视为一个公司的核心资产即公司的客户、供货商、联盟伙伴和员工网络的价值。
>
> ——星巴克负责饮品的副总裁米歇尔·加斯

霍华德·舒尔茨从来没有去刻意创建品牌。在星巴克发展的早期，所有的人都在忙着出售咖啡，忙着开店铺，忙着与顾客交流，从来没认真想过什么"品牌"。那么，星巴克有什么独门秘籍成就今天的品牌呢？

一、不打广告的营销

在各种产品与服务行业风起云涌的时代，星巴克把世界上最古老的商品发展成为与众不同的、持久的、高附加值的品牌，却没有过多使用市场战略中的传统手段，如铺天盖地的广告宣传和巨额预算的促销等，这不得不让人称奇。这种理念也给市场营销带来了冲击。星巴克原则上没有广告预算，到目前为止，星巴克在广告上也只投放了2000万美元，它为品牌推广的传统概念所带来的颠覆与其上升的速度几乎一样显著。星巴克采取最古老的直营方式，它就像是一个传统的商人，好好地照顾自己的顾客，并在与顾客的沟通中逐渐形成了自己的口碑，塑造出一个卓越的品牌。他们借鉴那些欧洲名店的市场推广策略，不依靠在大众媒体上的广告，因为他们每家店就是最好的广告。霍华德·舒尔茨认为："在服务业，最重要的行销管道是分店本身，而不是广告。"星巴克用自己的产品和服务，在顾客进店到离开星巴克的时段里，做了最真实最直接的广告。星巴克的品牌是靠一杯一杯的咖啡来传递的，如果顾客喜欢星巴克的环境和咖啡，就会告诉他的好朋友。

星巴克的成功证明了一个耗资数百万美元的广告不是创立一个全国性品牌的先决条件，充足的财力并非创造名牌产品的唯一条件。你可以循序渐进，一次一个顾客，一次一家商店或一次一个市场来做。实际上，这或许是赢得顾客信任的最好方法，也是星巴克的独到之处！

口碑营销是在顾客中建立信任关系的最好方法，星巴克通过一系列事件来塑造良好口碑。例如在顾客发现东西丢失之前就把顾客遗落在店内的物品归还；门店的经理赢了彩票把奖金分给员工，照常上班；南加州的一位店长聘请了一位有听力障碍的人，并教会他如何点单，以此赢得了有听力障碍的人群，让他们感受到友好的气氛，等等。良好的口碑为星巴克带来了一大批忠诚的顾客，同时忠诚的顾客给星巴克带来的生意是非常巨大的。据估计，在美国，星巴克的一位老主顾，10年内平均会在星巴克花费5万美元的费用。忠诚的顾客会为星巴克带来百倍的回报。他们会主动再次消费，从而使星巴克在他们身上投入的服务成本比招揽新顾客所投放的成本低得多。对星巴克而言，口碑就是最好的广告。

为实现这种口碑效应，就要服务好每一位客人。星巴克的标准是：煮好每一杯咖啡，把握好每一个细节。你可能今天面对的是第100位客人，可对客人来说，喝到的却是第一杯咖啡，他对星巴克的认识就是从这杯咖啡开始的。一般来说，优质的口碑对顾客再次购买决策的影响力是广告的4倍。星巴克向顾客提供优质的服务，除了可以保住老顾客，还可以吸引新顾客。顾客对星巴克的期望是由星巴克对待他们的方式而形成的。而对于星巴克的新顾客和难得跟星巴克来往的人士来讲，这种期望又主要源于朋友和同事们的口碑。这也是星巴克注重口碑胜于广告的原因所在。

服务和质量是赢得口碑的关键。随着星巴克在全球不断地扩展，为了更好地控制各个门店的服务和产品质量，"神秘顾客"被请入星巴克。"神秘顾客"是由经过严格培训的调查员在规定或指定的时间里扮演成顾客，对事先设计的一系列问题逐一进行评估或评定的一种商业调查方式。由于被检查或需要被评定的门店事先无法识别或确认"神秘顾客"的身份，所以这种调查方式更能真实、准确地反映客观存在的实际问题。"神秘顾客"是星巴克用以监督咖啡店终端的重要武器，但这种制度并非星巴克的专利。"神秘顾客"的方法最早是由肯德基、诺基亚、摩托罗拉、飞利浦等一批国际跨国公司为其连锁分部进行管理服务而设计的。在星巴克，"神秘顾客"就是为了检查"为顾客煮好每一杯咖啡"的服务标准而建立的一种考评机制。

请入"神秘顾客"之后，为了进一步赢得口碑，星巴克又开展了顾客心声调查，鼓励顾客说出真心的体验，使星巴克成为更尽善尽美的咖啡店。

做好每一杯咖啡，服务好每一位顾客，是星巴克最大的营销投入，也是星巴克在全球范围内做得最漂亮的广告。

二、顾客至上的服务宗旨

美国是一个零售业高度发达的国家，早在1987年，星巴克进入这个角逐场时，零售市场的竞争就很激烈，价格战也一直是竞争的主要手段。霍华德·舒尔茨意识到，单纯的价格竞争最终只会将整个行业带入萧条，而真正能够赢得优势的是卓越的产品质量和服务品质。由于星巴克一直致力于提供优质的产品和体验，当别的零售商陷入泥沼，它就能脱颖而出。从咖啡馆到咖啡王国，星巴克证明了与客户的良好关系和看得见的资产一样重要。

企业提供良好的服务必须是发自内心的，诚心诚意的，心甘情愿的，必须付出真情地为顾客服务，这样顾客才会感受得到，星巴克的员工总是以对咖啡的热忱来感动顾客。对走进星巴克的顾客，店员都展现出一种能够积极热情的态度，而且是发自内心的。星巴克无时无刻不重视客户感受，而走进星巴克的顾客也都会有一种放松的感觉。霍华德·舒尔茨常常把服务比喻为一场"表演"，而星巴克的员工在演出中始终是一名群众演员，而主角的位置永远是顾客的。强调顾客感受是为了更好地把握顾客，了解顾客，熟悉顾客，进而服务顾客。

微笑服务也是星巴克的重要信条，霍华德·舒尔茨要求员工脸上必须时时挂着微笑。在星巴克的管理制度中，对进店的顾客，员工必须在第一时间向顾客展示微笑，以示欢迎。微笑是一种宽容、一种接纳，它缩短了人与人之间的距离，使彼此心心相通，祛除隔阂，微笑是一种独特的服务魅力，也是星巴克人努力追求的最高目标。星巴克的柜台一定摆放在离门口不远的地方，只要顾客走进店里，不管店员再怎么忙，都会微笑地说一声"欢迎光临"，还会与顾客进行眼神接触。

霍华德·舒尔茨一再强调，星巴克的产品不是咖啡，而是"咖啡体验"。与顾客建立"关系"是星巴克战略的核心部分；星巴克把这叫作"顾客关系营销"。星巴克喜欢和顾客进行深层互动，这也是霍华德·舒尔茨几十年来一直坚持和鼓励的，星巴克店员可以和顾客探讨有关咖啡的各种知识，包括种植、挑选、品尝和奇闻轶事。顾客不但能够享受星巴克的服务，感受星巴克充满人文气息的文化环境氛围，还可以学到很多关于咖啡方面的知识。同时，星巴克的店员也可以借此机会调查顾客的信息资料，把从顾客身上了解到的兴趣爱好、各种问题反馈给公司，从而使公司能够针对最准确的市场信息制订有效的销售策略。星巴克也通过反馈来增强与顾客的关系。每周，星巴克的管理团队都要阅读原始的、未经任何处理的客户意见卡。星巴克的一位主管说："有些时候我们会被顾客所说的吓一跳，但是这使得我们能够与顾客进行直接的交流。在公司层面上，我们非常容易失去与顾客的联系。"这种互动式的服务使得企业和顾客之间的关系更加密切，而星巴克却不仅仅能如此，它在与顾客的互动上有更加独到的地方。星巴克不仅提供咖啡，还向顾客介绍咖啡的相关知识，为感兴趣的消费者开办"咖啡教室"；星巴克的员工不仅为顾客提供服务，还和顾客建立朋友一般的关系，店员们能够记得常客的名字，并能在收银、制作咖啡的过程中像朋友一般互相问候。星巴克坚信，只有透过亲切的互动关系，才能保持住老顾客并开拓新客源。星巴克采用相对缓慢的"窄播模式"（一对一式）与顾客进行直接对话，加上员工的耐心和经验，慢慢地建立与顾客的关系。最初他们以一对一方式开始教导稍有品位的顾客，区分各种咖啡的不同之处，并指导客户磨咖啡豆以及在家泡煮咖啡的技术。这种创办人与客户分享咖啡资讯的方法打响了品牌知名度，也培养了一群忠实顾客。而对咖啡不太了解的顾客，星巴克里的咖啡师傅则会细心讲解咖啡知识，而且会推荐合适的咖啡品种，让顾客找到最适合自己的咖啡。

星巴克十分强调它的自由风格，因此它采用的是自助式的经营方式。顾客一旦进入星巴克，就好像进入了自己家的客厅，可以选一个舒服的沙发，挑选一本感兴趣的杂志，窝在那里，几个小时甚至是一天。顾客在点完餐以后，可以自行到用品区去拿各式各样的调味品，如奶糖、奶精、肉桂粉，以及一些餐具。这种自助式的服务，让顾客摆脱了排长队的等待，减少了等候时间，并给了他们更多的控制权。这份自由的体验也是星巴克如此迷人的原因。

物美价廉的商品是竞争的基本优势，但完美无缺的服务，才是征服顾客的最有效手段。星巴克知道，自己出售的不仅仅是商品，更是服务，而且为顾客提供全面的服务是无止境的。当服务成为竞争的工具，它就不再是简单的体力劳动了。

星巴克深深知道，仅用手和脚是做不好服务的，店员还需要动脑筋。服务向着人性化的方向改进，在服务中体现对人性的尊重，这就是星巴克能在竞争激烈的终端市场取得成功的一个重要原因。霍华德·舒尔茨也认为，只有提供全面而优质的服务，将顾客的需求放在首位，星巴克未来的发展空间才会更辽阔。

三、强烈的社会责任感

从20世纪90年代末期开始，是否具有社会责任感也变成了企业是否具有竞争力的要素。大多数的客人都愿意从那些他们尊敬并且信赖的公司购买产品。为社会做出贡献是星巴克领导者不容忽视的一项使命，通过投身社会活动，星巴克将"星巴克体验"带到了世界各地千万民众的身边。从被动反应到主动积极，星巴克从多方面做出了努力。1993年星巴克成为国际关怀组织在美国的最大捐助者，来资助穷困落后的咖啡生产国。1997年进一步设立了星巴克基金会，此基金专门集中处理星巴克在企业捐款方面的工作，将注意力集中在提高儿童及家庭的整体文化水平等项目上。2000年到2005年，星巴克及其伙伴向世界各地的地方性社团捐赠了4700多万美元，旨在支持美国及加拿大创业项目和文化项目、增加中国农村的受教育机会以及救助像"9·11"恐怖袭击、2004年印尼海啸和2005年卡特里娜飓风等灾难的受害者。星巴克还加入了"美国全球绿色"组织来呼吁环境保护，同时开始下大力气减少门店对环境的破坏：购置可持续能源、较少用水量以及节约能源。星巴克还借助与国际环境保护组织的相关合作，参与并创建了众多深入保护生态系统的项目，并将诸如气候变化等环境知识普及给顾客。

另外，星巴克进入新市场前都会运用一系列的造势策略，比如在了解当地民情、文化和市民最关切的问题的基础上，设计出一些表现该城市特性的幽默图案。在开幕前，为当地媒体、美食评论家、知名主厨等举办咖啡品鉴大会，并在开幕大典上恭请职员在该城市的亲朋好友和当地的大股东、邮购客户以及曾受资助的慈善分支机构参加。热身活动的相继登场在当地营造了一股迎接星巴克的热情。星巴克举办的盛大社区活动的所得也都会捐给该城市的慈善机构。星巴克积极地以各种形式投身社区活动，赢得了更为广泛的社会认可。深深的社会责任感为星巴克赢得了顾客的信赖，也带来了巨大的收益。

星巴克是一家以价值驱动的公司，所有的星巴克人都忠诚地遵循着自己的价值观。星巴克价值观的原则包括帮助生产商生产高质量的咖啡，与客户建立强有力的联系，创造最高的员工满意度，回报社会，最大程度减少对环境的破坏。星巴克还认为，"企业责任感"意味着公司必须首先关照好员工，然后对他们所居住的社区进行关爱。星巴克员工在他们工作的社区中，志愿奉献了成千上万个小时为慈善机构和旨在改善现状的项目服务。作为咖啡经销商，星巴克还为咖啡生产地居民的生活质量着想。星巴克意识到，星巴克成功的一个关键因素就是同星巴克交易的咖啡种植者也取得了成功。因而星巴克深信，建立同咖啡种植者和咖啡社区的互利合作关系是非常重要的。星巴克公司正在采取措施，帮助咖啡种植者改善生活条件，并且保护咖啡种植区的环境。星巴克公司认真研究了咖啡种植者所面临的许多问题，包括经济上的挑战和环境问题。在选择咖啡方面，星巴克也采取了一些具体的做法，在帮助咖啡产业可持续发展的同时，也促进咖啡种植地环境和社会的同步发展。作为对咖啡种植者和咖啡种植地区办实事的一部分，星巴克已经与国际非营利性组织建立伙伴关系，在有关可持续发展问题上，和这些组织有着共同关心的事项，经常就这些事项展开交流。星巴克还对一些社区项目提供支持，从而促进咖啡种植地区人民的福利。不仅如此，星巴克还为美国的社区组织了大量的捐款活动，为门店周边的非营利机构投入运营基金，为人类追求可持续发展。积极赞助社区和环保事业也被星巴克视为长久的任务，并列入公司宣言中：

星巴克会动员企业上下，尽全力做环保事业的带头人。为实现这个使命，星巴克致力于：

了解环境问题并分享资讯给合作伙伴。

制订创新、有弹性的解决方案，以求变革。

尽力购买、销售并使用环保产品。

明白财务责任对日后环保工作的影响甚巨。

灌输环保责任作为企业价值。

评估并监控各项计划的进度。

鼓励所有合作伙伴一起达成我们的使命。

星巴克把自身的发展与社会责任紧密相连，不断地回馈社会，也带来了社会的普遍认可。星巴克在一系列的社会公益活动中，赢得了口碑，成就了独一无二的品牌。

第四节　人人都爱星巴克

在公司里营造出一种以人为本的氛围，

这应该是赢得员工信任的关键。

——霍华德·舒尔茨

刊登在《劳动力管理》的一篇文章中，作家萨缪尔·格林加德指出："1992年6月，星巴克公司的股票上市。上市首日，股票从每股17美元开盘。不仅首席执行官的获益节节上扬，咖啡零售商们也终于盼到了摇钱树。而舒尔茨并未只顾狂塞自己的荷包，而是决意用认股权的形式将一部分收益分给员工共享……（尽管）其他企业只将认股权分派给主要的高层管理人员，舒尔茨却将认股权分给了每一周工作时间超过20小时的员工，包括站在柜台后面的店员们。"

早在舒尔茨创业初期的意大利之行中，他就已经了解到"咖啡大师傅"在为顾客创造舒适、稳定和轻松的环境中的关键角色，那些站在咖啡店吧台后面、直接与每一位顾客交流的咖啡吧台师傅决定了咖啡店的氛围。这种认识使得舒尔茨在公司倡导这样的价值观，通过提升报酬和建立意见反馈机制培养员工的信任感和对公司的信心。对一家公司来说，首要任务是建立和维护公司与员工间相互信任、相互尊敬的关系。

不同于其他的零售行业，星巴克称它所有的员工为"伙伴"。星巴克的伙伴，无论全职还是兼职（每周20小时或以上），都可以享受一系列的薪酬福利项目。根据工作职级，星巴克为伙伴们提供的全面薪酬福利包括：

1. 不断增长的薪资

2. 额外的人寿保险

3. 医疗保险

4. 股票期权

5. 管理奖金计划

6. 星巴克商品折扣

在霍华德·舒尔茨的观念中，要想塑造一个强大的品牌，满足乃至超越顾客的期待，最好的方式就是拥有一群出色的员工。星巴克的这些"伙伴"，一直充当着星巴克的咖啡大使。从理想的角度，舒尔茨希望所有的员工能够共同拥有星巴克。可是，在当时的美国，"股东利益最大化"是压倒一切的紧箍咒，企业领导者们都在压缩成本，减少员工福利。如果哪家企业敢把员工福利放在首位，就会显得非常冒险。而星巴克在舒尔茨的带领下却偏偏走了这条险路，星巴克不但没有削减员工的福利，还想方设法地增加。舒尔茨没有把这种观念当作慷慨大方的善举，而是作为一种核心原则：把员工当作家人看待，他们也会真心想回馈公司，报以忠诚，付出他们的一切。从一开始管理星巴克，舒尔茨就想把星巴克打造成一个很多人愿意为之效力的公司。

认识到员工是向顾客推广品牌的关键，星巴克采取与市场营销基本原理完全不同的品牌管理方式。星巴克将在其他公司可能被用于广告的费用投资于员工福利和培训。在他的观念中，吸引人的福利待遇是最具优势的竞争手段。与零售行业的其他同行相比，星巴克员工的工资和福利都是十分优厚的。星巴克每年都会在同业间做一个薪资调查，经过比较分析后，进行适当的调薪，以确保公司水平能在同行业中保持较高。星巴克的薪资水平一直锁定在业界前25%的水平。星巴克还给那些每周工作超过20小时的员工提供员工扶助方案、伤残保险等。当时，星巴克是全世界唯一一家这么做的自募资金公司，后来也是唯一一家这样做的公开上市公司。

"这是我们曾经做出过的最好的决定。"舒尔茨说。随着该项福利的发展，公司所提供的医疗费用范畴也不断增加，覆盖了预防性医疗、健康咨询，牙齿、眼睛、精神治疗等各个医疗保健领域。实际上，由于星巴克的员工大都比较年轻，身体也都比较健康，公司在这项医疗保险上的实际支出并不高。但这种福利计划使星巴克尽可能地照顾到员工的家庭，而那些享受福利的员工对此也会更加心存感激，更会加倍工作。星巴克的福利机制不但提高了员工的收入，还提高了公司的文化和价值，降低了员工的流失率。

霍华德·舒尔茨想将持股人的利益和公司对员工的长期报酬结合在一起，所以他采取了一个大胆的创新举动，让所有员工都成为星巴克的合伙人。1991年，星巴克面向全体员工实施名为"咖啡豆股票"的股票期权方案，"豆股票"——Bean Stock：由星巴克人力资源部门的一位员工为配股计划提出，既幽默地隐喻了星巴克从事的咖啡业，同时又让人联想到豌豆茎——Bean Stalk节节高升的寓意。这个方案的具体实施思路是：每个员工都可以持有星巴克的"咖啡豆股票"，每个员工都可以成为公司的合伙人。这样就把每个员工的发展与公司的总体业绩紧密联系起来，要具备获得股票派发的资格，必须受雇于星巴克并且平时每周至少工作20小时，无论是CEO，还是任何一位合伙人，都可以享受这个期权方案。由此，受雇于星巴克公司，就有可能成为星巴克的股东。因此，星巴克的员工都互称彼此为"伙伴"。"伙伴"之间的相互体谅、相互鼓励也处处体现出星巴克的尊重文化。

员工之间建立的这种信任和自信的、独特的伙伴关系，是缔造星巴克伟业的基石。20世纪90年代中期，星巴克的员工跳槽率仅为60%，远远低于快餐行业钟点工140%—300%的跳槽率。员工们在优厚的福利政策激励下，时刻以最饱满的精神和充满激情的态度服务顾客，从而给建立良好的顾客关系提供了最重要的源泉和保证。在霍华德·舒尔茨的自传《星巴克咖啡王国传奇》中，他写道："'豆股票'及信任感，使得职员自动、自发地以最大热忱对待客人，这就是星巴克的竞争优势。"

然而，认股权和健康保险等一系列福利，只是"伙伴"在星巴克所享权益的"冰山一角"。"伙伴"还可以参加大量的培训，学习产品知识、成功法则、自我激励以及热忱待客的重要性等。星巴克在培训上的花费远远超出了广告预算，这实在是难能可贵。要留住员工，更要给员工提升发展的机会。星巴克的每个新雇员在入职的头几天都要进行"学习旅程"，即每次4小时，一共5次的课程，从一开始就让员工在星巴克的价值和基本信念体系中熏陶。

星巴克投入了大量的时间、精力、资金进行人力资源开发，培养自己的精英。霍华德·舒尔茨带领星巴克在全球的扩张得到了市场的认可，但是要把这种对咖啡的体验，日复一日地在全球1.8万多家门店精准地复制，并不是一件容易的事，大量的培训就成为必不可少的。一般来说，星巴克员工培训的内容包括咖啡知识与制作技能两个主要部分，特别是酿制咖啡的每个细节都要进行反复练习，直到每个动作都成为习惯。而对于新入职的员工，星巴克还会从现有的店里抽调有经验的店面经理和咖啡师傅组成明星团队，一对一地对新人进行培训。星巴克鼓励授权、沟通和合作。星巴克公司总部的名字为"星巴克支持中心"，这表示对于那些在星巴克店里工作的咖啡大师傅来说，公司管理层的角色是为他们提供信息与支持。星巴克鼓励分散化决策，并将大量的决策权放到地区层面，这给员工很大的激励。许多关键决策都是在地区层面完成的，每个地区的员工就新店开发都与总部密切合作，帮助识别和选定目标人群，他们与总部一起完成最终的新店计划，保证新店设计能与当地社区文化一致。星巴克的经验显示，在公司范围内沟通文化、价值和最佳实践是建立关系资产的关键部分。员工们乐意为星巴克效力，老顾客们乐意变成回头客，新顾客乐意进店尝尝鲜……这些无一不是培训带来的可观红利。

平等快乐的团队合作文化更是星巴克吸引雇员的重要因素。领导者将自己视为普通一员，员工分工不分家，"伙伴"都把自己看作是星巴克这个家庭的一个成员。难怪星巴克的员工都会这样说："同样是服务生的工作内容，在星巴克却是一份事业和荣耀"，"星巴克让我觉得有很大的发展空间，而且公司绝对不会苛求员工做事情。身边的伙伴都是素质相当的大学生，大家相处很愉快，有一起开店的感觉，每天都充满希望"。

星巴克要打造的不仅是一家为顾客创造新体验的公司，更是一家高度重视员工情感与员工价值的公司。霍华德·舒尔茨将公司的成功在很大程度上归功于企业与员工之间的"伙伴关系"。他说："如果说有一种令我在星巴克感到最自豪的成就，那就是我们在公司工作的员工中间建立起的这种信任和自信的关系。"

星巴克的主管和员工于1990年共同拟出"使命宣言"，将公司的任务凝聚成纲领，作为公司决策的指南和行动的规范。"使命考核队"负责监督和执行宣言，整合职员的意见和心声。这种机制为公司提供了上下之间重要的沟通管道，星巴克也从中得到了许多建设性的意见。

在星巴克，"以人为本，尊重人才"不仅仅是一个口号，它所体现的是一种人性。可是事实上，管理本身与人性化是有着冲突的，舒尔茨对此作了有效的处理。在星巴克，强调不能越级投诉，要求员工服从命令，但如果员工觉得自己没有得到尊重，可以直接向舒尔茨汇报。星巴克内部关于绩效考核、人事的安排、调动，甚至制度的实施都有公司和员工双方共同签名来实施。这种员工管理方式体现着价值尺度从物到人的转移，是星巴克关心员工命运和关怀员工价值取向的集中反映。

舒尔茨是一个雄心勃勃的梦想家，他也鼓励自己的员工去造梦、去逐梦，他鼓励员工表达自己的想法，鼓励员工的进取精神，鼓励员工为公司献计献策，让员工在星巴克找到自己的价值，更找到自己的尊严。

1987年，星巴克只有不到100名"伙伴"，办公室和工厂都在一幢楼里。门店经理有什么要求可以直接打电话到工厂，几个小时就可以把事情搞定。现在星巴克拥有20多万名"伙伴"，霍华德·舒尔茨管理着一个庞大的人事网络，而这种管理透着浓厚的尊重和关爱。

舒尔茨有一个开放的政策，无论谁有什么烦心事，都可以到办公室来找他聊聊。相较于一般高高在上的董事长，他更像是一个朋友，他和星巴克的"伙伴"一起为孩子生日开庆祝会，为父母过世哀悼，一起在每年万圣节举行扔馅饼比赛。他以亲切的工作作风，带给星巴克"伙伴"一个家一样的工作氛围。他无私地给员工发展的机会，让他们在工作中获得快乐，哪怕是最基层的一名员工，也可以在星巴克的工作中，找到自己的方向。戴夫·赛莫尔曾于1982年在星巴克工厂做过配送工作，后来他的摄影天赋被挖掘，成为星巴克非正式的摄影师，他为星巴克的各种活动拍照，从一个最底层的工作中获得了超越工作的快乐。

人力资源部门在霍华德·舒尔茨心中有着无可比拟的重要性。他清楚地意识到，星巴克的成功完全依赖于所聘用的人。

不论星巴克的销售、门店设计、门店地址、门店运作、新产品或是研发项目做得多么出色，最终都要通过公司所聘用的人来体现并赋予其鲜活的意义。每一项功能的运作情况，完全取决于人们相互间的感觉和对星巴克的关注程度。

可是，如何让上万名"伙伴"对公司产生亲切感？霍华德·舒尔茨一直在思索这个问题。除了无可厚非的福利和待遇以外，星巴克起草了一系列条款以确保"伙伴"的独立人格和地位。

另外，为了回应"伙伴"的"使命评议"，他还设置了公开论坛，让"伙伴"与领导层进行直接的交流。另外，星巴克的每一家门店都有电子邮箱，叫"星巴克日志"，以便于与零售店的"伙伴"保持联系。每年秋季，霍华德·舒尔茨和他的团队会召集全美国和加拿大的地区经理来西雅图举行领导团队会议，向他们展示中心的工作情况，并以大组和小组的形式和他们进行交谈。星巴克从每一地区的每一部门中评选出"年度杰出经理人"，邀请他们出席西雅图的年度晚餐，并在席间对他们进行表彰。

1996年10月，星巴克与美国红十字会做了一个联合调查，美国红十字会指导15个专业团体，在7个城市通过电话调查了900名星巴克伙伴。他们的总体印象印证了星巴克的信念——与众不同的文化理念已真正被人们接受了：88%的受访者对他们的工作满意；85%的受访者认为星巴克表现出了对"伙伴"

的关注；89%的受访者为在星巴克工作而感到骄傲；100%的受访者认为"为一个你所尊敬的公司工作"是工作满意度的重要因素。美国红十字会中曾在其他公司做过同类调查的专业人员对霍华德·舒尔茨说，这些数据高得出奇。调查还揭示了星巴克的咖啡师中20岁左右的人所占的比例非常高，其中许多人把在星巴克的工作视为通向富有意趣的职场人生的可以接受的"一个中转站"。咖啡师很为自己学到的咖啡技艺感到骄傲，觉得在星巴克工作比在一般的快餐店的地位要高。

星巴克已经能够提供一种使人们乐于为之付出的环境了。除了股票期权，咖啡师们说他们对工作是否能给他们带来情感上的满足也很在乎，像"伙伴"间志同道合的默契，与顾客之间的互动关系，对新技能和新知识的骄傲，从经理那儿得到的敬重等等，而最根本的满足感来自公司对他们的善待。

星巴克对待员工的方式和态度显然与传统的经营策略背道而驰。

一般而言，公司经营以股东利益为重，视员工为流水线上的螺丝钉、人力成本的开支。管理者大幅度地削减员工的权益，通常可以获得暂时的股价飙升。但从长期来看，这不仅是一种道德缺憾，也是对企业精神和改革创新的牺牲，伤害的是那些有可能使企业提升档次的忠心耿耿的员工。

传统的经营理念常把员工视为生产线上的消耗品，但是星巴克却给员工应得的尊重，第一线上的员工成了星巴克的品牌大使和行销人员，代替传统的广告生动地向顾客传达星巴克的品牌形象。

在星巴克，你会发现"伙伴"对卓越成果的坚持，对顾客以及互相之间的尊重，还有对社会责任的专注。

星巴克建立品牌资产的驱动力除了它坚持的产品导向外，重要的是来自它的人力资源管理和政策。而星巴克这种充满人性化的管理政策，也赢得了"伙伴"的爱。

舒尔茨说：星巴克的崛起靠的不是营销技巧，星巴克经营的是"人"的事业。仁慈地对待员工并不意味着成本的增加和利润的减少，而是一种强有力的兴奋剂，它使企业达到凭领导者个人能力远远不可能达到的高度。星巴克的"伙伴"对自己的工作深感骄傲，他们很少有人愿意跳槽，这不仅节省了开支，而且也有助于增进星巴克与顾客之间的联系。好处还不仅于此，对于善意的运用还有其更深层的意义。如果人们把自己与为之工作的公司联系在一起，如果他们在其中投入感情，编织梦想，他们就会倾心于此，并努力把事情做得更好。雇员有自信、有尊严时，他们就会贡献出更多：为公司，为家庭，为世界。

第五节　星巴克永远是新鲜的

> 我想要在咖啡中调入浪漫，敢于在其他人认为不可能的事情上努力，以创新的观念挑战失败的可能性，并以优雅的方法来做这些事情。
>
> ——霍华德·舒尔茨

从刚开始孤零零一家门店为起点，星巴克现在已经发展成为一个无人能及的品牌，几乎成了"咖啡"一词的代名词。星巴克将诸如意大利语中的咖啡吧员、印度红茶、超大杯、星冰乐等很多新词汇带入了人们的日常生活。现在，星巴克有1/10的顾客一天上门消费两次，这种成绩在零售店中相当不错，而星巴克依然在通过研发新产品来扩大目标消费者群体，并维持在老顾客群体中较高的品牌忠诚度。

原料固然是品质的基础，可是新产品的不断研发创新才是事业发展的根本所在。而这种创新不仅体现在产品上，还体现在星巴克适时发展的服务意识上。

一、产品创新

尽管星巴克的传统产品是大众化的，但每种咖啡都是很个性化的，这是它的最大特色。正如舒尔茨所说的："我们不是提供服务的咖啡公司，而是提供咖啡的服务公司。"星巴克的成功就在于此，它将普普通通的咖啡经营成非常独特的体验，并以此为卖点。然而，当它的触觉伸进更广阔的市场以及其他竞争者设法拷贝其卖点时，星巴克的个性将不可避免地被淡化。于是，不断地推出迎合大众口味，又不失星巴克品质的新产品成了星巴克保持竞争优势的不二选择。

在保持星巴克特色的前提下，舒尔茨带领伙伴们开发出很多星巴克以前忽视已久的多种产品。1993年春，星巴克设立了尖端的咖啡实验室，任命瓦伦西亚（Valencia）为研发部副总经理，开始研发跳出业内窠臼的新产品，咖啡萃取浓缩汁后来带领星巴克进入了一个全新的阶段，星巴克顺利地开发出一系列口味独特的新产品。比如1995年，星巴克推出由员工自主开发的、用碎冰打成的卡布奇诺——也就是人们所熟知的星冰乐。最初星冰乐是以星巴克醇厚的咖啡与新鲜的牛奶混制而成的滑顺绵密的饮料。在发展的过程中，星冰乐又逐渐分成了咖啡系列、非咖啡系列和果茶系列，形成了多种口味，如焦糖咖啡星冰乐、浓缩咖啡星冰乐、摩卡星冰乐、香草星冰乐、抹茶星冰乐、红莓黑加仑果茶星冰乐、芒果西番果茶星冰乐，等等。星冰乐成为夏日热咖啡的替代品，让向来喝热咖啡的美国人爱上了冰品咖啡，也吸引了很多从来不喝咖啡的客户群体。

1997年，星巴克公司和百事可乐公司联手推出了罐装咖啡，顾客在超市里就可以买到星巴克咖啡，并把它们带回家，可以随时随地享受星巴克咖啡带来的快乐。2009年，星巴克推出了与它的研发者瓦伦西亚契合的VIA即溶咖啡产品，它只需要用水冲泡，就可以创造出美味的咖啡，有了VIA，人们可以随时随地品味高品质的天然咖啡。星巴克推出的速溶咖啡VIA，仅用10个月便实现1亿美元的全球销售额，并建立4万多个销售网点。同年，星巴克还开发了很多人想也不敢想的产品——咖啡冰淇淋。星巴克公司与联合利华（美国）公司共同推出咖啡系列冰淇淋，该系列冰淇淋的设计灵感来自于星巴克公司的主打咖啡产品，有4种口味：纯正咖啡、巧克力咖啡、碎巧克力咖啡和香子兰焦糖咖啡。

2013年，星巴克宣布将在欧洲推行大型办公室咖啡贩卖机。这意味着欧洲白领们想喝到一杯热腾腾的星巴克咖啡将不用大老远跑到市区，在办公室就能实现。星巴克此款办公室贩卖机名为"转角咖啡"，目前可以出售的有卡布奇诺、浓缩咖啡和热巧克力等饮料，这类贩卖机推广至德国、法国、荷兰、丹麦、芬兰和奥地利。推出此项服务的目的在于培养和巩固白领喝咖啡的习惯，意在达到"增加民众购买饮料频率"的目的。

星巴克的骨子里充满了创新基因，因为顾客至上的服务宗旨，星巴克总在挖掘顾客对产品的诉求，并以此为动力，不断进行研发。星巴克用它一贯的品质时时刻刻张开怀抱欢迎老顾客，也迎接着新顾客。

二、服务创新

在产品不断推陈出新的同时，星巴克还十分注重针对顾客的需求而开发新的服务内容。总部设在西雅图的星巴克尝试各种经营思路，吸引人们步入店内，延长驻留时间。进入星巴克，你会感受到空中回旋的音乐荡涤你的灵魂，店内经常播放一些爵士乐、美国乡村音乐以及钢琴独奏等。这些正好迎合了那些时尚、新潮、追求前卫的白领阶层。他们天天面临着强大的生存压力，十分需要精神安慰，音乐正好起到了这种作用，让白领们在消费一种文化中，催醒人们内心某种也许已经快要消失的怀旧情感。

以研发咖啡杯隔热护套为例，星巴克对服务卓越的追求可见一斑。1996年8月，星巴克与环保创新联盟携手，共同努力减少门店贩售咖啡时对环境造成的影响。当时，许多顾客都要求在纸杯外另套一个杯子，以方便外带热饮。为了在实现环保目标的前提下满足顾客的需求，星巴克潜心研究，相关人员对使用双酚制备造成的环境影响进行了调查，用了两年的时间，设计出一款用单杯就可以盛装热饮的杯子。由此，一款带褶皱的隔热护套便作为暂时性的解决方案诞生了。

步入因特网时代后，星巴克强调，涉足网络是一项核心领先战略。通过给顾客提供上网服务，吸引了他们期望的上层客户，提高了店面的利用率，延长了顾客停留在咖啡馆的时间，增加了他们续杯的可能性。数字咖啡店的营造是通过以下三部曲实现的：

第一步：阿波罗项目。早在1999年，星巴克就开始与思科客户团队就其零售店中提供无线网络连接的方法进行了会谈。一系列的探讨促进了阿波罗项目的诞生，思科的"集成公共802.11B标准计划"使星巴克的客户可以从星巴克在北美的零售店访问互联网和他们自己的企业内联网。由于星巴克采用了Oracle数据库、财务软件包和ERP系统，思科在网络财务和供应链方面的丰富经验就可以直接用于星巴克的后台办公解决方案。

第二步：千年项目。星巴克的千年项目包括一系列旨在创建一个联网企业的计划，力求让星巴克可以成为一个实时地在全球范围内运营和管理的公司。零售店级的关键任务型流程将在未来通过基于Web的应用重新设计并获得支持。这将让前端和后端应用可以通过VPN与阿波罗计划所提供的无线接入运行在同一个高速网络上。

第三步：星巴克卡。基于无线的应用，星巴克推出了一系列的消费卡，"星巴克速递"让客户可以进行预订，缩短在柜

台前排队的时间，并且方便对网络接入费用的收取；2001年，星巴克在美国又推出预付卡式的"星巴克随行卡"，消费者每次消费都可以直接刷卡。从卡上扣取金额，这种卡的使用缩短了一半的交易时间。"星巴克随行卡"减少顾客携带现金和找零的麻烦，还可以通过积累点数，赢得红利，进一步提高了顾客的忠诚度。星巴克长期的目标是要把咖啡店变成各地消费者"异乡的家"，让旅行到各城市的消费者都可以使用随行卡买一杯熟悉的咖啡。

从2002年起，星巴克在北美和欧洲1200家连锁店里推出高速无线上网服务，携带便携式电脑或个人数字助理的顾客可以一边惬意地喝着咖啡，一边在店里上网，浏览页面、收发电子邮件以及下载信息。顾客在星巴克不仅可以享受咖啡，还可以工作，甚至举行一个小型的会议。星巴克的无线网络成了它的一种服务特色，只要人们一想到哪里有WIFI，答案自然而然就是星巴克。顾客还可以通过网络的平台进行点餐，这不仅缩短了顾客在柜台前排队等候的时间，还让更多的人可以在非高峰期光顾星巴克。

更值得一提的是，星巴克不需为自己的网络战略花钱。康柏公司和微软公司为咖啡店上网提供设备和人力。作为交换，他们则可以在店里展示产品。星巴克通过这种双赢的合作，进一步强化了数字咖啡店的顾客服务功能。

星巴克的服务创新，还体现在它帮助顾客去挖掘自己对于咖啡的热爱。星巴克在向亚洲国家扩张的过程中，不得不面对的问题是：在一个习惯喝茶的国度里推广和普及喝咖啡，必然会遇到消费者情绪上的抵触。星巴克为此首先着力推广"消费教育"。

星巴克各分店每周必须为顾客开设一次咖啡讲座，主要内容是咖啡的相关知识、如何自己泡制、器具的使用等，形式上十分灵活，一般选在顾客较多时，时间控制在30分钟左右。不少顾客纷纷提问，由讲解员释疑，气氛都很活跃。而在上海，星巴克计划并实施一项名叫"咖啡教室"的服务，其内容是：如果三四个人一起去喝咖啡，星巴克就为他们配备一名专门服务的咖啡师。咖啡师当然可要可不要，但结果显示：结伴前往星巴克的顾客人数正在呈现上升趋势。

三、战略延伸

哈佛商学院教授、现代营销之父利维特提出："一家公司发展到一定阶段就必须重新定位，否则可能会因为看不到新竞争者的威胁而衰亡。"舒尔茨也强调，一家公司要有运动员那样的思维，即一旦达到某个高度，就必须重新思考。显然，作为一家"提供咖啡的服务公司"，星巴克的确已经达到了某个该重新思考的高度了。舒尔茨的目光投向了一般人不敢梦想的高点——成为全球最大的品牌。他直言不讳地说："我们有能力成为世界上最知名、最受尊敬的品牌。"但这不是一个触手可及的梦。这一次，舒尔茨把他的新梦想的落点放在音乐上。他相信音乐是星巴克朝着世界上最大品牌方向迈进的重要一步。

星巴克于1999年收购了Hear Music，并将其发展成为旗下一家大的音乐公司。星巴克公司成立自己的唱片厂牌Hear Music，以出版在旗下连锁咖啡店内以及传统音乐零售商处销售的唱片。这家音乐公司是星巴克咖啡连锁店旗下一个小型却利润可观的单元，星巴克在其各家连锁店内一直都有销售音乐和书籍的服务。连锁店已把音乐精选CD的销售经营成了一项真正的事业，他们与众多大牌音乐人签约并收录独家内容。而反过来，这些唱片的销售也使星巴克连锁店的利润进一步提高。

2003年3月，星巴克首家音乐零售与咖啡厅二合一的新型咖啡厅"赏乐咖啡馆"在加利福尼亚州西南部城市圣莫尼卡开张。这是星巴克与其全资子公司——Hear Music唱片零售公司共同推出的。在这里，顾客除了可以喝咖啡外，还可以购买旧光盘，或者在店里的电脑数据库存的数千首歌曲中选择自己喜欢的歌曲，做成非常个性化的光盘。只要花6.99美元，就能买5首歌曲，超过5首的每首歌曲只收1美元。

霍华德·舒尔茨的野心很大。按他的计划，这不仅仅是增加了一项服务或一种辅助的收入模式，他最终的目标是成为美国最大的音乐零售公司。为此，他希望唱片公司做出专供星巴克网络销售的音乐产品，同时星巴克也可以帮助挖掘新星及开发原创音乐作品。

进入音乐零售业是星巴克品牌的战略延伸，而且星巴克也有诸多有利条件。在2000年的巅峰时期，美国的唱片零售业市场大约为130亿美元。在传统唱片零售店购买CD或音乐的体验非常糟糕，消费者被大量的音乐制品所淹没，却很难找到自己满意的音乐。另一方面，星巴克的核心顾客定位为25—50岁的富裕人群。他们喜欢传统的音乐电台胜过MTV，但电台之间竞争的结果却是同质化，毫无特色，无法满足他们的需要。此外，在价格大战中伤痕累累的唱片公司，也正在寻找新的分销渠道及新的合作伙伴。这正是星巴克切入的有利时机。

2007年，星巴克又与合声音乐集团合作联手成立唱片公司，这样一来在星巴克门店就可以购买得到这些唱片，消费者在一般的唱片行也可以买得到由星巴克出版的音乐作品。

星巴克最大的优势在于客流量大、地理位置优越，每周的客流量大约在3000万。这些条件加上星巴克的品牌及咖啡厅电脑里储存的海量歌曲，星巴克将会成为任何开有星巴克咖啡厅的城市最大的音乐零售商。舒尔茨坚信星巴克能够颠覆整个音乐零售业。

星巴克对音乐业务的开发与其核心的咖啡业务有某些类似之处，即满足顾客的个性化需求。星巴克的口号是："选你喜欢的歌曲，做你满意的CD。"在音乐咖啡厅里，顾客只要在

CD架上拿起任何一张CD，在试听台底下的条码扫描仪上扫一下，盘里的所有歌曲名称，包括对艺人的介绍以及与其他唱片的链接等内容都会显示在电脑屏幕上。顾客不仅可以按风格、艺人或流派选择自己喜欢的歌曲，还可以选择封面图案和唱片标题。

尽管这样的战略延伸充满了风险，但音乐不但不会冲淡顾客在星巴克的体验，相反还会加强，进军音乐领域是舒尔茨再造星巴克的大胆计划的开端，也是星巴克保持新鲜的又一良方。

星巴克总是在尝试呈现出一些新东西，新鲜成就了星巴克的品牌，也充实了星巴克体验。

Starbucks

第四章　星巴克的咖啡文化

Starbucks

第一节　咖啡的历史

世人应当认识和尊重过去，以便建设符合情理的未来。

——雅克·勒高夫

咖啡的历史大概可以追溯到公元10世纪，不过那些都是不可考证的历史。流传至今，能够反映咖啡发现过程的主要有两个故事。一个故事说，一位放羊的牧民注意到这样一个现象：他的羊群在食用了野生咖啡树上的果实之后变得格外亢奋。出于好奇，他也尝了尝咖啡果。一尝之后，由于咖啡豆的作用，他也像那些活蹦乱跳的山羊一样，开始手舞足蹈起来。由此，就发现了咖啡的提神功效。还有一个故事是这样说的：一个穆斯林托钵僧被他的敌人赶入沙漠。在精神错乱的状态下，他听到声音，提示他采食身边的咖啡果。他把咖啡果放在水里，想把它们泡软，由于咖啡果过于坚硬，他没有成功。不得已，他只好将浸泡咖啡豆的水喝了下去。最后，这个托钵僧就靠这个方式存活下来。当这个托钵僧走出沙漠之后，他觉得自己能够幸存，并且自己身上之所以能够获得神奇的能量，全都是真主安拉相助的结果。于是，他就不停地向别人讲述这个故事，并且把这种配制饮料的方法介绍给了别人。

虽然咖啡的历史留下了很多故事和谜团，但是咖啡豆的传播时间却是有据可查，也就是从非洲传到欧洲乃至全世界，大概是公元16至17世纪左右的事，众所周知，那是大航海的时代。荷兰的殖民者、商人、掠夺者则是其中传播咖啡的关键角色。

现代的咖啡都是饮品，但在最初，咖啡是作为食品的用途呈现在大众视野。世界上第一株咖啡树是在非洲之角发现的。当地土著部落经常把咖啡的果实磨碎，再把它与动物脂肪掺在一起揉捏，做成许多球状的丸子。这些土著部落的人将这些咖啡丸子当成珍贵的食物，专供那些即将出征的战士享用。寺庙中的僧侣在诵经的时候会咀嚼咖啡作为提神的食品。在战争中把咖啡掺入面包中作为兴奋剂，用以提高军队的士气。当时，人们不了解咖啡食用者表现出亢奋是怎么一回事——他们不知道这是由咖啡的刺激性引起的，相反，人们把这当成是咖啡食用者所表现出来的宗教狂热。觉得这种饮料非常神秘，以至于它成了牧师和医生的专用品。

直到11世纪左右，人们才开始用水煮咖啡作为饮料。13世纪时，埃塞俄比亚军队入侵也门，将咖啡带到了阿拉伯世界。因为伊斯兰教义禁止教徒饮酒，部分宗教界人士认为这种饮料刺激神经，违反教义，曾一度禁止并关闭咖啡店，但埃及苏丹认为咖啡不违反教义，因而解禁，咖啡饮料迅速在阿拉伯地区流行开来。咖啡"Coffee"这个词，首先来源于阿拉伯语"Qahwa"，意思是"植物饮料"，后来传到土耳其，变为"Kahve"，成为欧洲语言中这个词的来源。咖啡种植，制作的方法也被阿拉伯人不断地改进逐渐完善。

但在公元15世纪以前，咖啡长期被阿拉伯世界所垄断，仅在伊斯兰教国家间流传。当时主要被使用在医学和宗教上，伊斯兰教医生和阿訇们承认咖啡具有提神、醒脑、健胃、强身、止血等功效。直到17世纪，通过威尼斯商人和海上霸权荷兰人的买卖辗转将咖啡传入欧洲，很快地，这种充满东方神秘色彩、口感馥郁香气迷魅的黑色饮料受到贵族士绅阶级的争相竞逐，咖啡的身价也跟着水涨船高，甚至产生了"黑色金子"的称号，并且在接下来风起云涌的大航海时代，借由海运的传播，全世界都被纳入了咖啡的生产和消费版图中。1570年，土耳其军队围攻维也纳，失败撤退时，有人在土耳其军队的营房中发现一口袋黑色的种子，谁也不知道是什么东西。一个曾在土耳其生活过的波兰人，拿走了这袋咖啡，在维也纳开了第一家咖啡店。16世纪末，咖啡以"伊斯兰酒"的名义通过意大利开始大规模传入欧洲。

最初有的天主教宗教人士认为咖啡是"魔鬼饮料"，怂恿当时的教皇克莱门八世禁止这种饮料，但教皇品尝后认为可以饮用，并于1600年为咖啡举行洗礼，因此咖啡在欧洲逐步普及。17世纪，咖啡的种植和生产一直为阿拉伯人所垄断，在欧洲价值不菲，只有欧洲上层人物才能饮用咖啡。直到1690年，一位荷兰船长航行到也门，得到几棵咖啡苗，开始在荷属印度（现在的印度尼西亚）种植成功。1727年，荷属圭亚那的一位外交官的妻子，将几粒咖啡种子送给一位驻巴西的西班牙人，他在巴西试种取得很好的效果。巴西的气候非常适宜咖啡生长，从此咖啡在南美洲迅速蔓延。因大量生产而价格下降的咖啡开始成为欧洲人的重要饮料。与此同时，法国人也开始在非洲种植咖啡。

对咖啡的强劲需求，为咖啡在原产地以外的其他地区迅速扩展打下了坚实的基础。时至今日，咖啡和茶、可可成为全世界三大饮料，咖啡成了地球上仅次于石油的第二大交易品。

第二节　成就一杯好咖啡

细节是决定零售企业成败的关键。

——霍华德·舒尔茨

1. 咖啡烘焙

烘焙咖啡是一件让人激动的事情。在星巴克，这种自己烘焙出来的咖啡叫作星巴克烘焙咖啡。星巴克咖啡烘焙与其他咖啡的不同之处，不仅仅体现在它独特的颜色上，更多地体现在为使每一颗咖啡豆具有最佳口味而花费的心血上。星巴克烘焙的颜色可以模仿，但它独特的风味却是无法模仿的。

咖啡豆要放在一个旋转式大圆桶里进行烘焙。经过5到7分钟猛火高温加热后，咖啡豆中的水分逐步蒸发。此时，咖啡豆开始变黄，并产生浓郁的香味。8分钟之后，"第一次爆裂"开始，咖啡豆的体积膨胀一倍，并且发出噼里啪啦的响声。这时，它们的颜色是浅褐色的。如果此时停止加热，取出几粒咖啡豆尝尝滋味，你会对咖啡豆的滋味感到失望，这时的咖啡豆只有非常强的酸味，因为此时咖啡豆丰富而复杂的味道还没有散发出来。在容器里烘焙10到11分钟之后，咖啡豆的颜色变得越来越深。当烘焙到11或15分钟时（根据咖啡的种类而定），咖啡豆的滋味就全部释放出来了，这些滋味之间大都能达到平衡。这时，"第二次爆响"开始了，这标志着咖啡豆的烘焙过程可以结束了。将咖啡豆移置到冷却盘那一瞬间的情形简直让人难以置信：新鲜烘焙的咖啡豆香气四溢，噼里啪啦的声响不绝于耳。

2. 咖啡调制

一杯真正的咖啡是用心研磨，用心冲煮的。煮好后，色泽淡褐，加入鲜奶之后，又转呈金铜色，这杯咖啡的魔力便由此开始。咖啡器并不是调制美味咖啡的唯一因素，"制作咖啡的四项基本原则"——适当的咖啡粉的比例、咖啡的研磨程度、水的品质和咖啡粉的新鲜程度，比咖啡调制器更重要。

首先，要掌握好咖啡粉和水的比例——这是调制美味咖啡过程中最重要的步骤。为了调制出效果最好的咖啡，星巴克用180毫升水与10克咖啡粉进行搭配，以此保证咖啡的味道。

其次，不同的调制方式对咖啡研磨的程度有不同的要求。但总的来说，调制的时间越短，对咖啡研磨程度的要求就越高。例如，用在浓缩咖啡机上的咖啡粉必须非常精细，因为调制的时间只有18到23秒钟左右。但是，用在咖啡压壶上的咖啡粉可以粗糙一些，因为水和咖啡粉有4分钟直接接触的机会。

同时，好的水质也是成就好咖啡的不二法宝。咖啡是咖啡末与水相遇后萃取出的精华。因此，除了好咖啡豆外，水质和水温当然是释放咖啡香醇的关键角色。一杯咖啡中，98%的成分都是水，所以用来调制咖啡的水必须清洁、新鲜、不含杂质。最好将水加热到90摄氏度到96摄氏度，这种温度的热水可以萃取咖啡所有的风味。

最后，咖啡是一种讲究新鲜度的饮品，它的敌人是氧、光、热和潮湿。为了保证咖啡的新鲜度，应在室温下将咖啡放置于避光、密封的容器里保存。为了获得最好的效果，星巴克的咖啡粉的保存时间都不会超过一个星期。

3. 咖啡品茗

仅懂得高明的冲泡技巧，而不懂得如何去品尝咖啡，那么原本的美味也可能变得毫无味道可言。品尝咖啡有的是要用舌头的味觉去感受，而有的是享受那种在口腔里回荡的芳醇，除此之外，还要看喝咖啡时身体的情况、周围的气氛等。总之，品尝咖啡是一件非常微妙的事情。

"趁热喝"是品尝美味咖啡的必要条件，即使是在夏季的大热天中饮用热咖啡，也是一样的。但热咖啡不等于烫咖啡，品尝烫咖啡是最差劲的品尝方法。只有当咖啡冷却到合适的温度后才能体会它潜藏的特性与美味，但咖啡会随着时间的流逝而失去其香醇与浓郁，所以请在冲泡后10分钟内饮用最佳。咖啡的适当温度在冲泡的刹那为83摄氏度，倒入杯中时为80摄氏度，进入口中时的温度为61—62摄氏度，最为理想。

咖啡一定要热饮才有风味吗？答案当然是否。

有人说热咖啡的最佳饮用时机是85摄氏度，冷了就不好喝了。事实上，如果是一杯好咖啡，在温度高和温度变低时，口感的表现应该是一致的，这也是为什么测试咖啡的鉴定师，会将咖啡从热到冷的全部过程都列入评鉴。一杯品质良好的咖啡，冷却之后除了香味减少之外，口感的表现甚至会比温度热更好。只是由于咖啡本质的不稳定性，所以有些人便鼓励趁咖啡还热时就该饮用，避免冷却后的变化影响了咖啡的风味。若以另一个角度来谈，当一杯冒着热气的咖啡端在你的面前时，趁热饮用则是回应煮咖啡人心意的一种礼节。但是，不可否认星巴克的冰咖啡也让人久久回味。在恰当的温度下喝咖啡，才可以品尝到咖啡真正的美味。

品尝美味咖啡，不但要注意适当的温度，还要有适当的分量。喝咖啡不像喝酒或果汁，一满杯的咖啡，看着就失去喝的兴趣。一般都只到七八分满为适量，分量适中的咖啡不仅会刺激味觉，喝完后也不会有"腻"的感觉，反而回味无穷。同时，适量的咖啡能适度的促使身体消除疲劳，头脑为之清爽。咖啡的味道有浓淡之分，所以，不能像喝茶或可乐一样，连续喝三、四杯，而以正式的咖啡杯的分量最恰当。普通喝咖啡以80ml—100ml为适量，有时候若想连续喝三、四杯，这时就要将咖啡的浓度冲淡，或加入大量的牛奶，不过仍然要考虑到生理上需求的程度，来加减咖啡的浓度，也就是不要造成腻或恶心的感觉，而在糖分的调配上也不妨多些变化，使咖啡更具美味。

第三节　星巴克的明星产品

你是否知道在你的生命中，有什么使命是一定要达成的？你知不知道在你喝一杯咖啡或者做些无意义事情的时候，这些使命又蒙上了一层灰尘？我们生来就随身带着一件东西，这件东西指示着我们的渴望、兴趣、热情以及好奇心，这就是使命。你不需要任何权威来评断你的使命，没有任何老板、老师、父母、牧师以及任何权威可以帮你来决定。你需要靠你自己来寻找这个独特的使命。

——史蒂夫·乔布斯

1. 浓缩咖啡

浓缩咖啡Espresso

浓缩咖啡（Espresso）或意式浓缩咖啡，是一种口感强烈的咖啡类型，方法是以极热但非沸腾的热水，借由高压冲过研磨得很细的咖啡粉末而冲出咖啡。"Espresso爱思巴苏"，意大利语意为"加速奔驰"。浓缩咖啡是普通咖啡浓度的两倍，通常用新鲜磨碎的咖啡豆放置高压机处理，以保存咖啡的浓郁香味，因此喝完小小一杯就够醒神了。这是咖啡的精粹，以最浓缩的方式显现。星巴克浓缩咖啡带点焦糖味道，浓厚馥郁。层次丰富的浓缩咖啡是星巴克的灵魂。它的浓郁风味，持久香气以及微微的焦糖甜味是制作拿铁、卡布奇诺和其他以浓缩咖啡为基调的咖啡饮品的核心所在。

拿铁Caffè Latte

拿铁是一种传统的经典饮料——浓缩咖啡调入热牛奶，其上覆盖一层轻盈的奶沫。什么是拿铁？"拿铁"是意大利文"Latte"的译音，即为牛奶。而这里所说的拿铁，即是牛奶咖啡。底部是意大利浓缩咖啡，中间是加热到65至75摄氏度的牛奶，最后是一层不超过半厘米厚度的冷的牛奶泡沫。与其他经典咖啡相同的是，它的美妙之处有一部分来源于它的简单。拿铁咖啡只是一至两份浓郁香醇的浓缩咖啡与新鲜甜美的奶沫的完美融合。尽管有些人喜欢再加些糖浆或多一份浓缩咖啡，但更多的人认为最原始的做法已经很美味了。

摩卡Caffè Mocha

这款咖啡由醇香的摩卡酱、浓缩咖啡和蒸奶相融相合，上面覆以搅打奶油。寒冷的日子里，忧伤的时光中，任何人都无法抵抗她的诱惑。冰摩卡咖啡，将醇厚美味的可可糖浆、牛奶和浓缩咖啡倾入冰块之上。这种饮料完美之极，不仅清凉爽口，更兼具巧克力的幽香。几百年前，也门的摩卡港作为一个重要的咖啡贸易中心而出名，因此从那儿出口的一种最受欢迎的带有巧克力风味的咖啡豆也被称作"摩卡"。毫无疑问，巧克力和咖啡是天生一对，两者都足够芳香醇厚。当巧克力的丝滑口感搭配咖啡的浓醇香味，两者的风味相得益彰，画龙点睛般出彩。故而当它们融合成一种香滑饮料时，你会期望它们永远都不要分开。

卡布奇诺Cappuccino

卡布奇诺沿袭传统技法，由星巴克技艺娴熟的咖啡师傅将手工制作的热奶与细腻奶泡轻柔地浇在浓缩咖啡之上制作而成。20世纪初，意大利人阿奇布夏发明蒸汽压力咖啡机的同时，也创造出了卡布奇诺咖啡。卡布奇诺是一种加入同量的意大利特浓咖啡和蒸汽泡沫牛奶相混合的意大利咖啡。这种咖啡的颜色，就像卡布奇诺教会的修士在深褐色的外衣上覆上一条头巾一样，因此得名。传统的卡布奇诺咖啡是1/3浓缩咖啡，1/3蒸汽牛奶和1/3泡沫牛奶。卡布奇诺中的牛奶含量比拿铁少，所以它的浓缩咖啡味道更浓郁，而且口感也更醇厚。调制一杯完美的卡布奇诺是一种艺术，需要很多尝试和技巧。其中最重要的一步是在蒸牛奶时要把奶泡弄得像鹅绒一般细滑，这是星巴克的咖啡师需要全神贯注的一步。喝卡布奇诺时，如果奶泡能够在你上唇化成一道"奶胡子"，那就证明咖啡师的手艺到家了。

焦糖玛奇朵Caramel Macchiato

焦糖玛奇朵是星巴克的独创饮品，在蒸奶中加入浓缩咖啡和香草糖浆，然后覆盖一层风格独特的焦糖图案，口味香甜，像丝般顺滑，风味醇厚。"Macchiato"一词源于意大利，意为"印记"。浓缩咖啡倾倒入热奶时将穿过奶泡层，在牛奶中留下只属这款咖啡的独特印记。很多人都是星巴克这款明星产品的粉丝。这款让人着迷的琼浆奥妙在于：香草风味的糖浆，新鲜蒸奶及天鹅绒般质感的丝滑奶泡，加上一份香醇的浓缩咖啡，再撒上一层焦糖酱，神奇之处是在一杯饮品里可以喝到三种不同的口味。听起来的确像魔术。

美式咖啡Caffè Americano

美式咖啡名称来自战争时期在欧洲的美国军人将热水兑进欧洲常见的小份浓缩咖啡的习惯。因为美国人对咖啡的调制一般都比较随意且简单，这种方法很快随着星巴克在世界上的普及而流行开。尽管名为美式咖啡，但此款饮料却是一种地道的欧式咖啡制作方法：即将热水和浓缩咖啡的巧妙调和。

在欧洲，咖啡主要以浓缩咖啡为主，但对美国人来说却不是这样。为了制作出符合美国人口味的咖啡，让他们可以多喝几口咖啡，欧洲人只是简单地往浓缩咖啡里加热水。尽管调制后的咖啡的浓度和味道跟美式冲泡咖啡有点类似，但添加一勺新鲜浓缩咖啡还是跟一般的冲泡咖啡有着细微的差别。

2．星冰乐

星冰乐又称为法布奇诺（Frappuccino），是星巴克的招牌饮料。星冰乐咖啡系列饮料创始于1995年，最初是以星巴克醇厚的咖啡与新鲜的牛奶混制而成滑顺、绵密的饮料，冰沙、咖啡与奶油的组合，让这一饮品令人爱不释手。后来又与很多鲜果结合在一起，发展出水果口味的饮品。星冰乐有许多种口味，如焦糖咖啡星冰乐、浓缩咖啡星冰乐、摩卡星冰乐、香草星冰乐、抹茶星冰乐、红莓黑加仑果茶星冰乐、芒果西番果茶星冰乐等。如果夏天你热爱日光浴的话，那么你就千万要记住这款美味又令人陶醉的饮品。甜美的滋味、丝滑的感受、冰冻的口感，简直就是夏日饮品的范本佳作。

3．星巴克茶

星巴克伯爵红茶

伯爵红茶是传统红茶中较为芳香的品种，其真正起源还是一个谜，但是非常受欢迎却是公认的。星巴克伯爵红茶的茶味、涩味与香柠檬的淡淡的香料味，柠檬味以及薰衣草的花香味，达到完美平衡。伯爵红茶中有一种佛手柑水果调制而成的东方神秘异香。一般先将祁门红茶与其他茶叶相混合之后，再添加佛手柑的香味制成的。由此风靡世界。伯爵红茶独有的佛手柑香气使之清雅脱俗，闻之令人精神舒爽，品之滋味优雅顺和，清新爽口。

星巴克印度红茶

这款茶饮料来自最著名的红茶产区——印度大吉岭，由纯正的印度红茶与芳香的香料精制而成，带给人们浓浓的喜马拉雅风情，带有独特的花香和果仁味，口感丰富。印度红茶的特色是外形细扁，色呈深褐；汤色深红稍褐，带有淡淡的麦芽香、玫瑰香，滋味浓。印度红茶拥有丰富的花香、果香，口感醇厚，茶汤嫣红诱人，温厚回味一尝难忘。

4. 星巴克美食

经典玉桂卷

玉桂卷是风行美国的一种早餐主食，特别是在诞生《独立宣言》的费城，广受欢迎。在世界各个地方都有自己的叫法和做法。传统的玉桂卷简单纯粹，顶部浇有浓郁的糖霜，撒上层层的肉桂粉。这款点心在面包卷中加入芳香四溢的玉桂粉，在芬芳与甜蜜融合的一瞬间，足以令美食者挑剔的舌头获得满足。经典玉桂卷，特调美式咖啡，恰好一对默契十足的美味搭档。

蓝莓丹麦酥

历史悠久的丹麦酥，1850年由奥地利面包师结合丹麦点心制作方法研制，是最为正宗的斯堪的纳维亚（Scandinavia）早点。而现在，丹麦酥已成为美国很主流的早餐食物，特别在东海岸更是家喻户晓的早点。自美味诞生之日起，丹麦人就称它为"维也纳面包"。丹麦酥只选用正宗法式黄油起酥，融入果香充盈的欧洲进口蓝莓，口感酸甜宜人，是早餐色香味俱佳的绝妙选择。与芳香四溢的伯爵红茶搭配在一起，清新之余，诞生分层回味。

蜂蜜提子司康

传统司康饼是塑成三角形的，甜咸俱佳，以燕麦为主要材料，将面团放在煎饼用的浅锅中烘烤。司康饼是起源于苏格兰的小食，它的名字源远流长，来源于苏格兰皇室的加冕地：一块被称为司康之石（Stone of Scone）的石头。传统司康饼，松软酥脆，甘甜适口。星巴克在传统司康饼基础上，创新融入龙眼花蜜，散发芬芳气息，再缀以清甜饱满的提子干，香甜滋味恰到好处。搭配一杯星巴克浓缩咖啡，香甜之余感受回味无穷。

5. 星巴克VIA免煮咖啡

午后的办公室里，你是否想来一杯醇香的咖啡，唤醒自己的活力，让工作充满激情？周末的家里，你是否希望与家人一起分享星巴克的美味咖啡，享受闲暇时刻的温馨？漫长的旅途中，你是否想泡上一杯热腾腾的咖啡，让自己的心情轻松愉快起来？喜欢星巴克的人总能说出一大堆喜欢星巴克的理由，而其中始终如一的优质咖啡是咖啡迷们最为津津乐道的一点。

和创造世界名牌的人

一起放飞梦想

无论何时何地，咖啡永远是星巴克体验的核心所在，而如何给更多人即刻随享的美味咖啡，是星巴克一直以来孜孜以求的目标。如今，美梦成真，花费星巴克20年心血研制的星巴克VIA免煮咖啡带来了随时随地的高品质咖啡，无论身在何处，都可以享受到与星巴克店内手工调制一样的优质咖啡饮品。

星巴克 VIA免煮咖啡用自然烘焙的阿拉比卡咖啡豆，采用星巴克经过20多年研发的微细研磨技术，以保持咖啡的口味、品质和新鲜度，拥有与星巴克店内现煮咖啡一样的浓郁和醇厚口感。而易于携带的单支独立包装，只需占用一个小小的空间，却能给生活带来诸多美好改变。作为一种高品质的便携咖啡解决方案，星巴克VIA免煮咖啡无须任何煮制设备，只要一包免煮咖啡加一杯热水，你就可以随时随地享受星巴克最纯正的咖啡。星巴克VIA免煮咖啡现有4种口味可供选择：哥伦比亚、意式烘焙、香草拿铁和摩卡，与星巴克门店内的高品质咖啡所选用的咖啡豆完全一样。作为一种高品质的便携咖啡解决方案，星巴克VIA免煮咖啡无须任何设备，可以在冷或热的液体（例如水或牛奶）中轻松溶解，并保留咖啡原有的香味、醇度和风味，让你无论是在家、在办公室还是在旅途中，随时随地都能享有如同在门店一般的星巴克体验。

Starbucks

第五章　咖啡帝国星巴克

Starbucks

第一节　成就事业的得力助手

我长期致力于雇用那些具备我所缺乏的
经验和技能的人。

——霍华德·舒尔茨

建立一个机构，领导者要懂得一个道理，永远不要单打独
斗，拥有可以分担使命的搭档，会让工作事半功倍。如果能找
到信得过的伙伴，他们既具有不同的能力，又具有相同的价值
观，那么强强联合，就能成就事业的伟大。霍华德·舒尔茨深
谙其道。在他的周围就聚焦了一大批优秀的人才。其中有三位
立下了汗马功劳。他们是戴夫·奥尔森、霍华德·贝阿，以及
奥林·史密斯。

起步之初，连店铺也没有，舒尔茨很幸运地找到戴
夫·奥尔森合作，他不仅对咖啡极有兴趣，还成功经营了一家
咖啡馆。戴夫是浓缩咖啡方面的专家，为了寻找好的咖啡豆，
他找遍了整个西雅图，最后找到了星巴克，并专门研制出浓缩
咖啡专用咖啡豆，他对咖啡品质决不动摇的强硬态度，正是成
就星巴克品牌的重要保障。和霍华德·舒尔茨一样，戴夫也是

为了同样的梦想和使命感而为星巴克奋斗始终。

随着星巴克的扩张，亟须熟悉从开张筹建到日常经营的人手。1989年，星巴克雇用了霍华德·贝阿来负责这项工作，他在零售业有25年的从业资历，从事过家具行业，也在一家户外运动景点开发公司工作过。霍华德·贝阿率直的个性和星巴克内敛的性格截然不同，他敢于质疑，甚至在很多场合唱着反调。他觉得，只要有意见就要说出来，沟通更利于公司的长久发展。他是一个谦谦君子，很有幽默感，对所关注的问题充满激情，对所挂心的事情总是念念不忘。他毫不掩饰自己的脆弱，却也常因直率而使别人受窘。从他加入的第一天起，他在诸多问题上就公开表示跟舒尔茨或其他人的看法相左——无论在会议上，在烘焙工厂，还是在门厅里。

"为什么在星巴克手册上翻了3页还看不到'人'这个词？"他问道，"难道不应该把'人'列为优先的位置吗？"

"为什么我们不能满足顾客的任何要求呢？"他认为，咖啡再好喝也是由人来创造的，而人的主观意识、人的素质会直接影响到产品的好坏。他把"以人为本"的主张带到了星巴克，这种思想也为星巴克的快速扩张奠定了人力基础。

1990年，由于准备采用更为复杂的财务结算体系，星巴克需要一位有丰富工作经验的首席财务官。他们雇用一个有经验的猎头去物色人选，可事情并不顺利，舒尔茨过于强调专业资质，这跟星巴克注重人品和文化素养的要求颇有差异。后来，星巴克通过一个伙伴的推荐找到了奥林·史密斯，作为一名哈佛大学的工商管理硕士，奥林管理过比星巴克大得多也复杂得多的企业。他曾担任华盛顿州的财政预算署署长5年之久，此前，还在德勤会计事务所干了13年，其中3年他是该公司西雅图事务所合伙人的顾问。他解决问题的方式稳健而踏实，总要把事情弄清楚为止。他口袋里总是装着笔和笔记本，当他戴上那副宽边眼镜时，那模样就完全显示了他内在的睿智。奥林是一个逻辑思维缜密的财务专家，他的滴水不漏是星巴克最有力的防守。他为星巴克建立了严谨的财务、会计、法律事务、信息系统和后勤体系，主张聘用各专业领域的优秀人才，为星巴克的发展撒下了深远的网。

霍华德和奥林两人都比舒尔茨年长10岁左右。他们加盟星巴克时自己的收入比过去降低了，但他们意识到星巴克的激情和潜力所在，相信自己手里的股票期权总有一天会大大增值。

在许多企业领导者看来，聘用更有经验、更老练的主管多少会有威胁感，对于把权利委托他人亦心存疑虑。对舒尔茨而言，这也不是一件容易的事。但霍华德·舒尔茨非常清醒地意识到："我怎么可能从那些不比自己懂得更多的人身上学到东西呢？"如果身边只有庸才，那么公司也就只能被带入平庸的境地。舒尔茨很明白，必须要把眼光放得更远，聘用比自己更有经验的管理人员，来推动公司的发展。舒尔茨没有因为害怕受到威胁而退缩，反而以此为动力，让自己成为一个大家愿意追随的领导者。而舒尔茨能够吸引大家跟随的秘密武器，就是对咖啡事业的痴迷，对实现梦想的无限渴望，以及由这种痴迷而转化成的对员工和客户的尊敬与热爱。

戴夫、霍华德和奥林带来的不仅仅是技能和经验，而且还有不同的行为方式和价值观。在他们的管理下，星巴克变得更具内涵，也更大气了。如果舒尔茨当初因自己的忧虑而妨碍他们的工作，星巴克就永远也不会发展成一个渗透着"以人为本"的价值观的强势企业。

第二节　智者当借力而行

> 成功的最大回报是一群人陪你冲抵终点，你带越多人一块儿冲向成功之路，胜利的果实一定越甜美。
>
> ——霍华德·舒尔茨

星巴克提升品牌的另一个战略是采用品牌联盟迅速扩大品牌优势，在发展的过程中寻找能够提升自己品牌资产的战略伙伴，拓展销售渠道，与强势伙伴结盟，扩充营销网络。

虽然霍华德·舒尔茨当初为了保证咖啡的品质，制订了一系列"星巴克的不可能的事"，但随着市场的发展，消费者需求的变化，他还是慢慢学会了妥协，毕竟星巴克体验就是要满足顾客的需求。当然，他不会以牺牲星巴克的核心价值作为妥协的条件。每次做出一些困难的改变之前，星巴克高层都要激烈地争论很长一段时间。

1991年，霍华德·舒尔茨决定破例一次，他为开办机场经营店签署了一份特许协议书。这就意味着，星巴克在西雅图机场开了一家特许加盟店，并渐渐在全美国的机场都开了店铺。目前，星巴克有10%左右的咖啡店都是特许加盟的连锁店。

1997年，霍华德·舒尔茨和他的高级管理层下令进军超级市场，尽管风险和困难重重——毕竟超级市场并不是星巴克能够控制的销售场所，但幸运的是，让舒尔茨恐惧的事情并没有发生。事实证明，这个决策是明智的。

仅仅一年时间，全美国通过超级市场和食品商店销售出去的咖啡就占到星巴克当年总销售额的一半。食品杂货店里蕴藏着比星巴克连锁店和特种销售渠道更加广阔的市场。一旦充分利用好这个渠道，就能为公司带来更多的消费者，带来更多的客观收益。此外，打入超级市场还能节省星巴克的运输费用，降低操作成本，星巴克的零售能力也能够得到强化。而顾客，也可以通过在超市购买的产品，随时随地享用星巴克咖啡带来的美好体验。最后，舒尔茨和公司所有的高层都认为，拓展超级市场的销售渠道是星巴克发展中的重要一步。

巴诺书店是同星巴克合作最为成功的公司之一。巴诺书店是美国最大的零售连锁书店，旗下有630家巴诺分店，以大型的实体零售书店闻名，畅销书的促销价格也很有竞争力。巴诺曾经发起一项活动，即把书店发展成为人们社会生活的中心，这与星巴克"第三生活空间"的概念不谋而合。1993年巴诺开始与星巴克合作，让星巴克在书店里开设自己的零售业务，星巴克可吸引人流小憩而不是急于购书，而书店的人流增长则增加了咖啡店的销售额。

1994年8月，星巴克和百事可乐发表联合声明，结盟为"北美咖啡伙伴"，致力于开发咖啡新饮料，行销各地。星巴克借用了百事可乐100多万个营销据点，而百事可乐则利用了星巴克在咖啡界的商誉，提高了产品形象。两者共同推出的罐装法布基诺（星冰乐）造成了轰动。星巴克生产的瓶装法布基诺打进了美国的各大超级市场，1998年，瓶装法布基诺成为美国市场最受欢迎的即饮咖啡。

2001年，星巴克与凯悦集团以及万豪国际集团签署了协议，为入住他们旗下酒店的客人提供星巴克咖啡。2007年，星巴克和苹果公司达成了一项合作协议，在星巴克的连锁分店中安装相关终端设备，iPod音乐播放器用户和iPhone手机用户都能够在星巴克的连锁店中使用全新的iTunes在线音乐下载服务，将咖啡与音乐融为一体的新服务形式开创了营销先河。2013年，星巴克又与法国达能集团联手打造乳酪品牌，进军食品杂货市场。星巴克在2014年春季率先在美国门店推出希腊风味优酪乳，预计将在2015年推广至一般的食品商店。

星巴克不断地扩展着自己的商业版图，完成了一次次地跨界合作，良好的口碑和产品都为企业赢得过好的合作对象，强强联合，获得了双赢的效果。

但不是所有的合作都是这么一帆风顺，与美国联合航空公司合作就是一场华丽的冒险。

1996年1月，几乎是一夜之间，星巴克的顾客翻了一倍，原来，美国联合航空公司开始出售星巴克的咖啡。然而，在接下来的几个星期里，星巴克接到了来自全国各地的上百个投诉电话，说在飞机上喝到的星巴克咖啡太不正宗。星巴克遭遇了一场危机。星巴克挑选合作伙伴是非常谨慎的，它必须有高品质的顾客服务意识，并且能够理解星巴克的核心价值。可是，霍华德·舒尔茨没有想到，与美国联合航空公司合作的荣耀眨眼间成了一场灾难。但是，两家公司都没有在问题面前逃避退缩，而是靠着勇气和决心解决问题，并坚持把事情做了下去。舒尔茨马上派出大队人马去解决问题，4个月内，新的烹煮设备在飞机上全部安装到位，乘客又可以喝到风味地道且口感出色的星巴克咖啡了。

如今，美国联合航空公司把供应星巴克咖啡视作他们最明智的举措，而对于星巴克，这样的冒险同样值得——美国联合航空公司一天2200次航班，超过2000万人，飞往全球各大洲的各个地方，在3.5万英尺的高空，人们同样在享用着星巴克。

"智者当借力而行"，霍华德·舒尔茨深谙此道，适时地调整战略，寻找合作机会，向着更大的成功迈进。

第三节　绿巨人也曾跌倒

> 任何一个企业的成功都以日常的恒久和目标为基础，也就是利益追求和社会责任的微妙平衡。
>
> ——霍华德·舒尔茨

在不断扩张的进程中，星巴克也不乏失败的教训。从1998年开始，星巴克开了5家小餐馆，最后全军覆没。1999年，星巴克与时代公司合作出版名为《Joe》的咖啡厅杂志，结果该杂志只出版了3期就不得不停刊了。现在，舒尔茨还特地在办公室里放了一架子的《Joe》杂志，以警醒自己。同一年，舒尔茨宣布星巴克要开展因特网业务，在网上销售厨房用具，结果该公司股价顿挫28%。星巴克和百事可乐合作推出的马萨克朗（Mazagran）碳酸咖啡饮料也没有获得成功。就像是大多数的企业一样，星巴克在成长发展的过程中，经历着无数的挫折，但是强大的企业价值理念，扶持星巴克一路成长。

但在2000年后的一段时间，星巴克经历了一场更大的动摇。一直以来，霍华德·舒尔茨负责着星巴克的日常运营，星巴克一路扶摇而上，到2000年时，它在13个国家的2600家门店至少赚了20亿美元；1992年开始，星巴克的复合年均增长率高达49%。

但这个时候，舒尔茨却感到了沮丧：他意识到自己的工作不再像以前那样富有挑战性，他对星巴克的热情犹在，但是已经开始感到乏味了。于是他摘下首席执行官的帽子，将它戴在奥林·史密斯的头上。奥林秉承了霍华德·舒尔茨的理念，获得了伙伴们及投资者的尊敬。

在奥林的5年任期内，星巴克一路高歌猛进，门店总数几乎是之前的3倍，达到9000多家。公司迅速进入新的市场、新的领域，门店由小范围的中心地带扩大至广大的城郊地区。一直以来，星巴克的业绩都在持续增长，到奥林离职时，星巴克的资本市场总值和公司已发行的股票市值，从72亿美元飙升至200亿美元。

奥林卸任后，董事会选择了吉姆·唐纳德担任下一任首席执行官。吉姆曾负责沃尔玛百货有限公司的经营活动，他的领导风格被星巴克所看重。吉姆的处事风格加强了人与人之间的情感纽带，而且固守着给优秀的伙伴们写亲笔感谢信的习惯。他乐于视察门店并同咖啡师闲聊。在原计划时长为一个小时的会议，满45分钟的时候他叫停会议，然后让"伙伴"利用剩下的15分钟打电话给他们平日里不常联络的人。在吉姆任职期间，星巴克开始疯狂地追求利润增长率。

其实自从2000年舒尔茨从首席执行官的位置退下来后，星巴克就开始不断扩建门店，门店数目的激增，也让星巴克自信心暴涨，星巴克的销售额也在与日俱增。星巴克还将品牌扩展至咖啡以外的领域，比如娱乐界和出版界。星巴克对娱乐界的大规模突袭，虽然使盈亏账目表表现得异常出色，但也在无形中滋长了星巴克的傲慢情绪。

直到2007年，星巴克开始走下坡路，由于过分追求增长，星巴克忽略了公司的运营，渐渐流失了星巴克的一些特质，就像脱线的毛衣一样，从松动的那一刻开始一点点脱线。而且伴随着经济危机的影响及消费者行为的变化，这加剧了星巴克内部问题的爆发。

在2007年的前10年里，为了实现增长，星巴克的门店从不足1000家发展到1.3万家，但却忽略了星巴克顾客的感觉。虽然大多数决策都是正确的，其本身不足以影响消费者的体验，但很不幸，日积月累，这种危害很大。为了实现每一季度的预期销售增长，星巴克迅速扩建门店，甚至每天能开6家，以至于常常选择了不适合的位置，而且也没对新聘请的咖啡师进行足够的培训。他们会将优秀的门店经理调去负责一家新店，然后提升那些尚未经过培训的咖啡师接替他们的位置，这让他们在新店与老店之间顾此失彼。星巴克在华尔街和公司内部的重压之下追求同店销售额增长。

从2003年，星巴克开始销售三明治，2006年推出香肠，这带动了销售，但却影响了店内咖啡的香气，损坏了星巴克的特质，久而久之顾客就厌烦了香肠，也开始厌烦取代了咖啡香的奶酪和香肠混合的味道。为了提高扩张效率，星巴克还过于精简门店设计，但其中一个后果就是千店一面，星巴克失去了昔日的灵魂。星巴克的供应链管理部门在高速扩张中也出了问题。由于这一部门运转太快，逐渐忽视了成本效益的观念，他们多年来一直忙于把物品送到店里，没有足够的时间来关注规范与培养能力。

增长掩饰了太多问题，就像一个医生每年都检查病人的身高和体重，却忽略了病人的血压和心律一样，星巴克也没有在关系到企业长期发展的细节上自我审视。它以每季度正式开业的门店数量来丈量企业的成功，却没有花时间来探讨是否每个门店都可以实现盈利；它只考虑到数百名顾客以及上千家门店，而忽视了每一位顾客、每一位伙伴和每一杯咖啡。

2006年末，在星巴克工作过很多年的伙伴们开始在私底下找到了舒尔茨，表达了他们对星巴克运行的多种担忧，星巴克人想要的绝不是"增长！增长！增长！"

霍华德·舒尔茨感到左右为难。一方面，他想要支持吉姆的决定，既是为了可以稳步实现星巴克的增长目标，更是源于对伙伴的信任；但另一方面，舒尔茨也意识到星巴克的根基开始动摇。舒尔茨也曾为西雅图一家门店内为了制作三明治而充斥烧焦的奶酪味道而懊恼不已，他也感受到星巴克能够满足的顾客星巴克体验越来越少，他禁不住开始担忧起来。星巴克体验的特色开始发生变化，顾客对于星巴克的留恋开始变淡。

盲目增长逐渐对星巴克的业绩产生副作用。2006年，星巴克表现稍逊，顾客在门店销售额开始减少。

到了2007年，门店交易率放缓，低至历史最低水平。那一年，星巴克的股价跌了42%。

进入到2008年，星巴克的业绩开始真正遭遇滑铁卢，之前的隐患完全爆发，第一季度的财报中，门店增长只有1%，跌至历史最低水平。到了第三季度，星巴克出现了历史上首次亏损。多年来，星巴克都尽量做好相应的投资，但随着新店不断增加，有效地跟上投资的步伐成了天方夜谭。舒尔茨亲自考察，加上从伙伴那里了解到的情况，让他不得不采取行动。

经过深思熟虑，2007年2月的一天，舒尔茨坐在办公桌旁，以董事会主席的身份，给吉姆和星巴克的领导团队写了份名为"星巴克体验的平民化"的备忘录：

"过去的10年里，为了实现增长、发展以及必要的运营规模，我们的门店从不足1000家发展到1.3万家，甚至更多。但是回顾过去，我们不得不做出的一系列决策，忽略了星巴克顾客的感觉，或者像有些人所说的忽略了品牌的平民化。在当时看来，大多数决策也许都是好的，它们本身还不足以影响消费者的体验。但很不幸，日积月累，这种危害还是巨大的，破坏力也是极其可怕的。"

2007年秋天，在舒尔茨写下备忘录的6个月后，他还是没有看到公司或者门店的任何实质性改变。随着日子一天天的流逝，他的失望逐渐变为愤怒，有时甚至是恐惧，他害怕星巴克最终失去重拾信任的机会。就在这时，舒尔茨开始重新考虑：是否有必要重新掌舵。

第四节　回归，一路向前

> 卓越的公司能正确认识自己，他们必须有勇气去研究转折性的机遇。
>
> ——霍华德·舒尔茨

2007年9月，舒尔茨与董事会成员在波士顿分享了他所了解到的星巴克的现状。他和董事们开诚布公地讨论了对经营中不断涌现的问题的担忧。在这次会议中他第一次暗示：如果情况每况愈下，他愿意重新担任首席执行官的职务。

回归，并非舒尔茨的本意，但他不能以旁观者的姿态眼睁睁地看着星巴克走向堕落，尤其是他也曾助长过这种风气，他要面对困境，并对困境负责。作为首席执行官，霍华德·舒尔茨全部的职业生涯都围绕着创立不存在的东西，他从未经历过这样生死存亡的时刻。现在，星巴克需要新的愿景，而舒尔茨必须带给大家这样的愿景。他不得不重新掌权，从他再次掌舵的那天起，舒尔茨同伙伴及股东们共同面临的将不仅仅是一个拐点，因为星巴克迷失了方向，需要重新定位。舒尔茨开始筹备这一切，他需要可以信赖的伙伴，需要客观战略上的指导。舒尔茨得到了挚友麦伦·乌尔曼的帮助，乌尔曼深知舒尔茨不能将这即将到来的转变告诉星巴克的内部伙伴，乌尔曼充当着舒尔茨的顾问，还向他推荐引入外部资源与他一起工作。舒尔茨经过反复考察和探访，建立了自己的新团队。

2008年1月7日，黎明前的几个小时，大多数的美国人还沉浸在睡梦中，舒尔茨开车沿着西雅图崎岖不平、绿树成荫的街道，来到了星巴克位于派克市场的第一家店。而就在几个小时前，舒尔茨就在自己的家中向星巴克的高层领导们宣布了一个重要的决定："我要重新担任首席执行官，明天开始生效，同时，吉姆要离开公司。"舒尔茨几乎一夜没睡，这一天对他来说至关重要。

小贩们在派克市场狭窄的小巷里准备开始一天的繁忙生活，舒尔茨用自己还是星巴克员工时就保留至今的那把钥匙打开了店门，店里一片漆黑，非常安静。浓缩咖啡机还没有开始运转，架子上摆着一袋袋咖啡豆、陶瓷杯子和玻璃咖啡杯。舒尔茨用右手轻轻抚摸着原木货架，感受着指尖下蕴藏着的星巴克30多年的历史。他站在一片漆黑里对自己做出了两个承诺：

第一，我不能总想着过去的辉煌而回来重新担任首席执行官。我们必须回到根本，如果仅是继承传统而没有改进和创新的意愿，那么必将失败。

第二，我不会追究过去的错误。考虑到公司的销售额和股票在加速下跌，也根本没有时间去指责过去。作为董事会主席，我应肩负起让星巴克在2008年直面危机的责任，并要从错误中吸取教训。

回到车上，在开车离开之前，舒尔茨用力地做了一次深呼吸，仿佛要开始一项新的事业。

当天中午，在公司的会议室，舒尔茨站在长长的会议桌前，对着星巴克的首席财务官、首席运营官，以及各部门的高层领导，认真而严肃地说道："我绝对相信，我们必将扭转公司的局面，但这一过程将异常艰难，我会比以往更为严格地要求你们，而你们也必须问问自己是否仍能坚守星巴克的使命，是否坚信我们能够坚持做到这一点，是否已经做好了即将战斗的准备！我不需要你们的投票支持，我只要你们做一件事情，就是修理房子，因为它着火了！我绝不容忍公司现在的这种表现。如果你们没有这种信念，那么就让我们私下里好好谈谈，你可以卸下包袱轻松离开。"

当舒尔茨宣布他的决定时，房间里安静极了，气氛十分凝重，大家都感到无比震惊，没有衷心的祝福，也没有明显的愤怒。舒尔茨在发表这些言论之前，已经做好了得不到赞同的心理准备。可此时在会议室里，他们似乎一致决定团结一心共同面对公司的问题，"我加入"的承诺此起彼伏。

下午晚些时候，1000多个星巴克伙伴聚集在八、九两层的公共空间内，召开全体会议——在星巴克，这叫公共论坛，而今天论坛的主讲人是霍华德·舒尔茨。

"下午好，唐突地让大家聚集在这里，在中午打乱你们的日程安排，对此，我感到抱歉。之所以这样做是因为我有一件重要的事情必须要宣布，"房间里安静得只能听到迟到者小心翼翼的脚步声，舒尔茨说，"昨天，星巴克董事会已经召开了内部会议，一致讨论并通过了我回来担任首席执行官的决议。"舒尔茨说到这里停顿了一下，想知道突然宣布这样的事情别人会有什么反应。人群中响起了掌声，这让舒尔茨松了一口气，他咧嘴笑了笑，"谢谢你们……"悬着的心终于放了下来。

在接下来的30分钟里，舒尔茨让所有人都明白了星巴克这个面临着生死存亡的危机，同时，他也努力带给他们一种安全感。霍华德·舒尔茨对星巴克这个品牌依然信心满满，坚信星巴克能从失误中再次崛起。首先，他还是肯定了吉姆的付出。

"首先，我要肯定并特别感谢即将离开公司的吉姆·唐纳

160

德所做的一切，这让人难过且于心不忍，他是与我们一同工作5年的伙伴和亲密朋友，更难得的是他得到了我们的爱戴、钦佩和极大的尊重。但我们的企业利益和责任重于一切——无论是吉姆还是我自己，或者这房间中的任何人，我们对20万的伙伴和他们的家人以及股东承担着更大的责任，董事会和我都认为我们需要真正的变革。"

"如果你像我一样诚实地面对自己，你会发现，在公司发展的道路上，我们已经失去了一些东西。但这不是任何人的错，也不必惩罚谁或者责备谁，我们还是我们，问题的关键是，应该做什么，我们应该怎样弥补。我想告诉你们，这对我来说不是一个突发情况，我在董事会上也是这么说的，我要百分之百地投入我的激情，为使命而努力。这是我一生中除了家庭以外最重要的事情，这是我25年以来生命中最重要的事情，但我不喜欢现在的状况。它没有好到可以让人们在未来追溯它，但是我们可以追溯一下过去我们所需要的，那就是找回我们公司的灵魂，找回我们的斗志。很快，我将与领导团队磋商调整组织结构，我向你们保证，我会竭尽全力让公司再造卓越。但要知道这并不是一个人可以力挽狂澜的，我们必须团结一致，共同努力，重新关注那些重要的事情。最糟糕的可能是，你们开始害怕，开始恐慌，这绝非本次会议的目的，这次会议的目的是要开诚布公地承认我们面临的严峻挑战，寻找做事谨慎的人来帮助我们解决这些问题，我保证自己会冲锋在前，带领大家前行！"

舒尔茨没准备发言稿，他只想真诚地与伙伴们分享他的感受，星巴克对他来说就像一个孩子，他真心地希望这个孩子能够健康地长大并有一个美好的未来。这种发自真心的分享比任何长篇大论要有力量，每个人在离开论坛时都抱着星巴克会好转的信念，相信舒尔茨终究能够带领星巴克走出泥潭。

这一天很快过去了，当舒尔茨打算开车回家的时候，办公室外已经夜幕降临。路过巨大而空旷的露天体育场和一排排停放着的有轨电车时，舒尔茨感到自己是如此的渺小，但同时又觉得自己精力充沛，他热切地渴望崭新的开始。一个月之前他做了那么多的准备，考虑着回归后应该采取的措施，不是紧张，而是迫不及待，就像一个替补球员终于等到了出场的机会，他渴望胜利并坚信一定会成功。可喜的是，这不再是舒尔茨一个人的渴望。

在星巴克生死存亡的紧要关头，霍华德·舒尔茨终于亲自挂帅首席执行官，捍卫星巴克的梦想。他开始了大刀阔斧的改革计划，包括削减公司的管理层；放缓在美国本土的扩张步伐，减慢新店开张的速度；关闭一些盈利情况不佳的美国本土分店；推出更多的新产品；推出新的店铺设计理念；加强对员工的培训，等等。公司宣称，将把原本发展于美国本土的扩张计划，转于发展国际市场。

在这期间，舒尔茨承受着投资人、媒体和公司内部的巨大压力。投资者质疑，在业绩蒸蒸日上之时，调整战略会对股东资本不利；媒体则揣测是不是星巴克出了什么潜在的丑闻；公司内部遭遇裁减的部门则怨声载道。但霍华德·舒尔茨再次坚定地坚持要回到星巴克最初的梦想，将"为顾客创造最优秀的体验"放在使命和战略的核心。

2008年2月26日，霍华德·舒尔茨同时关闭全美境内7100家直营店，为13.5万名咖啡师提供三小时的浓缩咖啡培训，以为顾客提供更精品的咖啡。仅这一项决定，就将带来几百万美元的损失，但这代表了一个决心。这天下午，停业的7100家店铺门上都贴着相同的告示：

我们致力于使我们的意式浓缩咖啡臻于完美。

而这一切源于熟练，这也是我们全情投入雕琢自己技艺的原因。

随后，舒尔茨经过一系列的有破有立的举措，星巴克终于重新回到最初的轨道，朝着最初的梦想一路向前。为了扭转局面，舒尔茨还带领他的团队制订了战略愿景：成为永续发展的伟大公司，在全球创建最著名和最令人尊重的品牌，以激发和孕育人文精神而闻名于世。

在这个战略愿景背后作为支撑的是"七大举措"：

1. 成为咖啡界无可争议的领袖；

2. 吸引并激励我们的"伙伴"；

3. 点燃顾客的热情，与顾客建立情感纽带；

4．扩大全球业务——让每一个门店都成为当地社区的核心；

5．做道德采购和环境保护的领军者；

6．打造与我们的咖啡匹配的创新发展平台；

7．建立可持续发展的经济模式。

2009年第三季度，星巴克出现自2008年一季度以来的首次盈利增长，这归功于过去18个月的各项举措，这是星巴克迈向胜利的一步。第四个季度的表现又优于第三季度，星巴克的门店表现开始一天好过一天，到了2010年第三季度，星巴克创造了历史上最好的财务年度。星巴克用了几乎两年的时间再次证明，自己还是世界上无可争议的咖啡领袖。

在重新担任首席执行官之后，舒尔茨写了很多关于企业发展和星巴克体验的备忘录，在每一份备忘录下，他都以同一词语作为收尾，一个足以代表星巴克的过去也预示着星巴克未来的词语，一个蕴藏着激情与方向，蕴藏着不顾严峻而开拓进取的信息的词语，一个舒尔茨20多年来第一次写到的词语：一路向前。

第五节　席卷全球的绿色风暴

我不在星巴克，就在去星巴克的路上。

——星巴克拥护者

每天，在星巴克5座烘焙厂附近的仓库中，一袋袋154磅重的袋子堆到了天花板。每个袋子里面都装着数十万颗绿色的生咖啡豆，它们经由船、飞机或者卡车从世界各地运来。再经过严格的挑选和深度烘焙后，被放入"咖啡保香袋"中，经由船、飞机或者卡车运往世界各地。在美洲、欧洲、亚洲，在世界大部分地区，都有人拿着印有绿色标识的杯子享受着星巴克带来的体验。

星巴克的神话不仅仅是华尔街版的灰姑娘童话，这家企业以其一流的文化、品牌和产品，博得了不绝于耳的褒奖和赞誉，长期入选"美国最受欢迎的公司"和"美国最佳雇主"榜单。《商业周刊》将星巴克评为全球最佳品牌之一，《商业伦理》杂志则连续多年将星巴克置于其"最具社会责任感公司"的榜单之上。

40年前，星巴克只是一家在西雅图派克市场出售优质焙制咖啡的小店。而如今，星巴克在全世界62个国家拥有超过1.8万家门店，20多万名员工。

1996年8月，星巴克在美国的店面已将近700家。作为一家传统的咖啡连锁店，为了寻求更广阔的发展，它开始寻求海外机会，第一个目标市场是日本。星巴克公司与日本当地的一家零售商沙扎比成立了一家合资公司——星巴克日本公司，各持50%股权。

舒尔茨飞到日本东京，亲自为第一家海外店督阵。为了确保在日本的经营完全复制星巴克的北美模式，星巴克将一些员工派往日本。所有的日本经理和员工必须出席与美国类似的培训课程，店面设计也与美国保持一致。2001年，公司为所有的日本员工提供了股票期权计划，这在日本还是第一次。

1998年，星巴克以8400万美元的价格购买了"西雅图咖啡"——一家有着60家店面的英国连锁咖啡店。

之后，星巴克大力开拓亚洲市场，并进入中国台湾和大陆。20世纪90年代后期，星巴克陆续将店开到了中国台湾地区、中国大陆、新加坡、泰国、新西兰、韩国和马来西亚。

如同在日本一样，星巴克坚持频繁的员工培训，严格遵守与模式和店面设计相关的规定。星巴克的国际市场营销策略是在坚持品质标准化的同时，又融入当地文化，寻找适合地方的市场开拓策略。融入当地文化一直是星巴克的追求之一。星巴克对所在地的历史、地理和文化的尊重不只限于海外，即使在美国本土，一家开设在韩裔人居住区的星巴克，其风格也会特别关注与周围韩国古董店、茶叶店的协调，从而达到与整个社区总体上的一种融洽。

一般而言，美国星巴克在某一个地区所持的股权比例越大，就意味着这个地方的市场对它越重要。另外，星巴克制订了严格的选择合作者的标准：如合作者的声誉、质量控制能力和是否以星巴克的标准来培训员工等。

在国际经营模式上，星巴克已经不再对直接许可协议抱有很大的兴趣，它开始在全球范围内尝试推行三种商业组织结构：合资公司、许可协议、独资自营。星巴克根据各国各地区的市场情况而采取相应的合作模式。

以美国星巴克总部在世界各地星巴克公司中所持股份的比例为依据，星巴克与世界各地的合作模式主要有四种情况：第一种，星巴克占100%的股权，比如在英国、泰国和澳大利亚等国；第二种，星巴克占50%的股权，比如在日本、韩国等国；第三种，星巴克占股权较少，一般在5%左右，比如在夏威夷、中国台湾、香港和增资之前的上海等国家和地区；第四种，星巴克不占股份，只是纯粹授权经营，比如在菲律宾、新加坡、马来西亚和北京等国家和地区。

在这个过程中，星巴克也会依据当地的发展情况进行适时地调整。例如在泰国，星巴克最初和当地的Coffee Partner签订了授权协议，要求对方5年内在泰国至少开20家星巴克咖啡店。然而，Coffee Partner发现自己难以从泰国银行筹集到扩张所需要的资金。2000年7月，星巴克以1200万美元的价格收购了Coffee Partner，目标是对在泰国的扩张战略进行更为严密的控制。同样的情况也出现在了韩国。1999年，星巴克授权韩国埃斯科公司，尽管埃斯科公司很快就成功开办了10家咖啡店，但星巴克感觉到埃斯科公司不太可能实现公司雄心勃勃的成长目标。于是在2000年12月，星巴克将特许转成了与埃斯科公司的母公司——新世界百货的合资公司。合资公司让星巴克能够对韩国的发展战略施加更大的影响，并在分享当地合作伙伴收益的同时，帮助它们进行经营融资。

有了强大的资本后盾支持，星巴克的经营一飞冲天，以每天新开一家分店的速度快速扩张。1992年星巴克股票上市后，迄今其股价累计涨幅已达到3500%，上市值从4亿美元增至150亿美元，年均销售额增长20%、利润增长30%。

经过10多年的发展，星巴克已从昔日西雅图一条小小的"美人鱼"进化到今天遍布全球60多个国家和地区，连锁店达到1万余家的"绿巨人"。星巴克的股价攀升了22倍，收益之高超过了通用电气、百事可乐、可口可乐、微软以及IBM等大型公司。今天，星巴克公司已成为北美地区一流的精制咖啡的零售商、烘烤商及一流品牌的拥有者，它的扩张速度让《财富》《福布斯》等世界顶级商业杂志津津乐道。

第六节　星巴克在中国

我很想成为星巴克的常客。

——胡锦涛

星巴克在霍华德·舒尔茨的带领下，把梦越做越大，这样的梦想也同样燃烧到了中国。1999年1月，星巴克在北京中国国际贸易中心开设了第一家门店。从此以后，星巴克的忠诚簇拥者当中，又多了几亿中国人的身影。

目前，星巴克在中国大陆60多个城市运营超过1000家门店。对于星巴克来说，中国就是星巴克的"第二本土市场"，本着"到2014年使中国成为仅次于美国的星巴克全球第二大市场、到2015年在中国大陆运营1500家门店"的愿景，星巴克不断致力于加强在中国的发展。

过去的十几年中，星巴克已经在中国成功地确立了优质咖啡行业的领袖地位，取得了很高的品牌知名度。其积极进取、高雅时尚、具有人文精神的品牌形象，广受中国各类消费者的认同和欢迎。对于许多中国人来说，星巴克的绿色美人鱼标识不仅代表最好的咖啡，更是高质量和现代生活方式的代名词。

在中国，星巴克是当之无愧的咖啡知识和咖啡专业技能方面的领头羊，并始终坚持着自己的传统和特色，为顾客献上一流的咖啡产品，以及其他优质的饮料与食品。星巴克在为消费者提供始终如一的优质星巴克体验的同时，也一直致力于提升和改进顾客体验。在对产品质量和服务精益求精的基础上，星巴克强调创新，强调产品和服务的个性化，强调不断给消费者带来愉悦和惊喜。同时，星巴克充分尊重中国历史悠久的传统文化，在门店设计、地方食品和饮料供应等方面，完美地将当地习俗融合到星巴克体验之中。星巴克在中国的发展战略是积极地融入中国本土文化，在咖啡店环境的设计上中西合璧；产品上体现中国味道；服务上针对中国顾客的需要。

星巴克为了在中国做到原汁原味，开店遵循一套严密的流程：测算人流、找到目标客户喜欢出入的地方、预估出可做多少生意、是否可以获利，再来决定投资的数目；找到合适开店的地方，征得房东的同意，消除某些房东认为餐饮麻烦的顾虑；看中的门店，还要得到美国总部的批准；此后，将平面图和周边环境的资料发送到美国总部，由他们帮助设计后，再发回中国找施工队施工。经过这一番的周折才能做到正版的美国星巴克。

1999年1月，美国星巴克咖啡国际有限公司在中国的合资公司北京美大咖啡有限公司作为星巴克授权特许经营商，负责其在中国北方的全部经营活动，包括连锁店经营与其他相关产品的销售，并在北京中国国际贸易中心开设了第一家咖啡店。星巴克把其目标对象定位在"小资"人群，因此选址在国贸、中粮广场、东方广场、嘉里中心、丰联广场、百盛商场、赛特大厦、贵友大厦、友谊商店、当代商城、新东安商场、建威大厦等收入水平高的人流经常出入的地方，这些地方同时也是小资彰显其身份的地带。

2000年5月，美国星巴克与台湾统一集团合资成立上海统一星巴克咖啡有限公司，在淮海中路的力宝广场开设了第一家门店。由此，星巴克开始在黄金地段进行"圈地"运动。从淮海中路"东方美莎"到"中环广场"，短短1000米的距离，星巴克就"圈"了4家店。

中国人有饮茶的传统，而星巴克却在这样一个饮茶社会里营造起了良好的咖啡文化。星巴克门店的氛围颇似传统中国茶馆，一个放松心情、闲谈小聚的场所，一间可以与亲朋好友谈天说地的公共客厅。而星巴克全球如一的独特星巴克体验、优质人性化的服务及其"第三空间"的理念也引起了中国消费者的广泛共鸣。进入中国市场以来，星巴克先后推出了多种深受中国消费者喜爱的具有中国特色的饮料、食品和商品。包括星巴克月饼、星冰粽、黑芝麻抹茶星冰乐、中式星巴克茶、芒果鸡肉卷、豆腐蔬菜卷，以及专为中国春节和中秋节设计制作的生肖储蓄罐和随行杯，等等。

与此同时，星巴克在门店设计方面也更多地融入本土元素，如北京的前门店、成都的宽窄巷子店、福州三坊七巷店等，都以浓郁的当地特色为顾客带来了独特的星巴克门店体验。北京美大公司就十分注意以中西结合的方式让星巴克咖啡店与中国的四合院共处。清雅的音乐、悦目的图画，没有安装天花板的黑漆屋顶，与布着铁钉的传统双开扇原木门，中式家具和西式吧台，咖啡制作和饮用器具，典雅、悠闲的氛围，既透着浓厚的中国传统文化，又保持着原汁原味的美式风情，二者并行不悖，结合得天衣无缝。而开在上海豫园里的星巴克，则形成了本土文化与洋品牌相映生辉的格局。

培育中国的咖啡消费者，这在茶文化为主导的中国，具有很大的挑战性。因此，在打开市场之前，对顾客进行教导式的营销也就十分重要。目前，星巴克在上海占领的地段如南京西路、淮海中路、豫园等大都是外籍人士经常出入的地方，星巴克做好了以国外消费者的光顾带动国内消费者需求的战略部署，从国外客的活动半径扩展到本地人的活动半径。为了打开中国市场，星巴克还把其成熟的营销理念带入中国，并将中国市场特色融入其中。

首先，在中国市场推广星巴克独特的咖啡教育。在培育中国消费者上，北京的星巴克店专门开设了咖啡课程向顾客讲解咖啡知识；而上海星巴克则推出了"咖啡教室"的服务，为三四位一起来访的客人配置一名咖啡师傅，讲解咖啡知识，分享经验。

其次，星巴克数字营销的理念也被引入中国市场。2002年1月，上海星巴克推出了"熟客俱乐部"，除了定期给俱乐部成员发送电子邮件，还通过手机群发短信，俱乐部成员可以在网络上下载游戏，一旦过关则可获得优惠券，很多消费者将这样的讯息转发给其他朋友，为星巴克塑造了口碑效应。上海星巴克还率先推出电子发票，在这种发票的最下端，设计成优惠券，背后加入咖啡常识，介绍各种咖啡的特色，彰显了与众不同的品牌风格。2003年，中国华北地区的星巴克连锁店已宣布与中国网通正式签约，在各家店堂内陆续建设无线局域网，第一批打算覆盖5到10家店，顾客可以用随身携带的笔记本电脑在星巴克里享受无线冲浪的乐趣。在此之前，上海星巴克也已经宣布和上海电信合作在店堂内推广无线上网服务。

第三，星巴克一如既往地强调顾客关系的培育，导入顾客关系管理（CRM）系统。星巴克在各个市场都有不同的管理特色。例如，上海星巴克就率先导入CRM，透过网络较低成本的营销管道，凝聚向心力，节约了在幅员广大的范围内进行整体营销的高成本。同时后台管理制度也延续了统一集团的一贯制度，各门店不需要总部很多支援和监督，自己就能独立运作。整体的系统架构，如内部沟通系统，做到即时接收总部电脑下达的指令。

第四，进一步拓展星巴克在中国的销售渠道。在企业中建立"星巴克"是星巴克中国战略的另一个亮点。将星巴克的氛围和文化引入到中国营销总部办公大楼，目的是以星巴克的轻松气氛感染企业，让紧张工作中的员工能从这个环境中吸收灵感，将理性和感性充分结合，从而使工作更加具有创意和激情。同时他们还将把这个咖啡区建设成为一个无线上网区，让分公司出差来此的同事们，在这里通过无线网络进行办公。

让习惯喝茶的中国人来普遍地喝咖啡还有很长的路要走。有统计数据表明，目前国内咖啡的年人均消耗量只有0.01公斤，咖啡市场正在以每年30%的速度增长。中国的咖啡市场还有巨大的增长空间。

星巴克不仅是一家"咖啡"公司，更是一家"人"的公司。星巴克的核心和灵魂是"星巴克人"。在星巴克，员工被称作"伙伴"。因为他们除了拥有保险、医疗等方面的福利外，还拥有获得公司"咖啡豆股票"的权利，真正成为公司的一员。星巴克为伙伴提供实现梦想的平台，也坚信把伙伴利益放在第一位，尊重他们所做出的贡献。除了完善的福利体系之外，星巴克还十分重视对伙伴进行长期的咖啡知识培训。

星巴克中国的伙伴与世界各地的伙伴一样热情、真诚、体贴、博学、充满激情。他们热爱星巴克文化，积极参与培训，将星巴克驰名世界的优质服务带到中国。他们是星巴克与顾客之间的桥梁，也是星巴克品牌价值的载体和体现。正是这些伙伴以他们的热情和专业，在为顾客们提供一流服务的同时，将星巴克的文化和精神内涵传递给它的顾客。

星巴克在中国发展的同时，也带来了星巴克的核心价值——融入并回馈当地社会。通过各种方式与所运营的社会建立深层次的联系是星巴克一贯的宗旨。进入中国以来，星巴克始终致力于回馈社会，对于中国社会的发展做出自己的一份贡献，在地方和全国范围内开展企业社会责任项目，如2009年启动的总额达500万美元的"星巴克中国教育项目"，以及2011年开始的"全球服务月"的绿色社区行动等。

截至目前，中国的星巴克伙伴和顾客累计贡献志愿服务时间超过7.1万小时。此外，星巴克在中国各城市发展的同时，也通过捐赠新市场门店营业收入给当地慈善组织的方式，践行回馈社区的承诺。未来，星巴克还将开展更多企业社会责任项目，为其经营业务的社区带来积极的改变。

星巴克公司在中国市场的不断努力和社会融入的不断深入，也带来了相应的回馈，星巴克在中国市场不仅收获了广大的拥护者，还收获了巨大的荣誉，曾被评为"中国食品行业最受消费者信赖品牌""中国杰出公益团队""连锁经营协会员工最喜爱公司"，等等。星巴克在中国的发展，为它的整体发展留下了光彩的一笔。中国作为星巴克重要的海外市场，未来还有更多精彩的咖啡故事等待上演，董事长霍华德·舒尔茨和每一位星巴克的伙伴固然充当着重要的角色，但主角永远都是走进和即将走进星巴克的人们。

和创造世界名牌的人

一起放飞梦想

Let the dream fly

附录：星巴克中国大记事

1999年1月，星巴克在北京中国国际贸易中心开设了第一家门店，开启了中国大陆市场。

2000年5月，星巴克正式进入上海市场。

2002年10月，星巴克在深圳开设了门店。星巴克咖啡推出本地创新产品——抹茶星冰乐，在本地市场取得巨大成功，随后在亚太地区和北美市场受到了同样热烈的欢迎。

2003年8月，星巴克进入广州市场。随后，公司宣布进入南京和宁波。

2004年4月，星巴克在苏州开设了门店。

2004年5月，星巴克在无锡开设了门店。

2004年11月，星巴克在常州开设了门店。

2005年4月，星巴克进入青岛市场。

2005年7月，星巴克在大连开设了门店。

同月，星巴克咖啡国际与咖啡概念有限公司达成合资协议，在成都开设了门店，首次进军西部地区。

2005年12月，星巴克进入沈阳市场。

2006年1月，星巴克进入重庆市场，中国市场扩展到了19

座城市。

2006年11月，星巴克在西安开设了门店。

2008年2月，星巴克进入武汉市场，将中国市场扩展到26座城市。

2009年1月，星巴克庆祝进入中国大陆市场十周年，推出第一款含有中国咖啡豆的综合咖啡——星巴克凤舞祥云综合咖啡。

2009年12月，星巴克正式在中国市场启动"共爱地球"全球责任平台。

2010年3月，星巴克在中国正式推出9款"星巴克茶"饮料，其中包括3款中式茶，将星巴克体验进一步延伸到中国消费者所喜爱的茶饮领域。

2010年11月，星巴克与云南省农业科学院和云南省普洱市人民政府签署合作谅解备忘录，将在云南投资并运营咖啡种植者支持中心和咖啡初加工工厂，旨在推动云南咖啡产业发展。

2010年，星巴克正式进入珠海、长沙、福州、济南市场。

2011年1月，中国面积最大的星巴克门店——厦门鹭江道店开业，星巴克正式进入厦门市场。

2011年3月，星巴克庆祝全球40年咖啡历程，宣布正式启用更加突出美人鱼标志的全新品牌标识。作为全球四家门店之一——北京蓝色港湾店与巴黎歌剧院店、伦敦布兰普顿路店以及纽约的时代广场店同步揭幕全新的品牌标识。

2011年4月，星巴克将随时随地享受高品质咖啡的理念带入中国。中国大陆的所有门店开始销售两种口味的星巴克VIATM免煮咖啡：哥伦比亚和意式烘焙。

2011年4月，星巴克启动了一项名为"全球服务月"的社区服务活动。

2011年10月，星巴克在北京庆祝在中国大陆的第500家门店开业。

在2011年，星巴克正式入驻14个新市场，其中包括昆明、合肥、石家庄、郑州、哈尔滨等省会城市。

2012年2月，作为进一步助力提升云南咖啡产业的重要举措，星巴克宣布与云南最具实力的农业及咖啡经营企业之一的爱伲集团正式签约，在云南成立合资公司，将从云南购买并出口优质的阿拉比卡咖啡豆，同时还将在当地运营咖啡初加工工厂。

2012年4月，星巴克首次在中国推出其轻度烘焙咖啡系列——星巴克黄金烘焙咖啡，进一步完善其咖啡豆系列及烘焙类型。

2012年4月，星巴克公布了一系列凸显最佳雇主优势的全新计划：在北京和上海首次举办星巴克伙伴及家属论坛，进一步强调公司对员工（伙伴）及其家庭和运营所在社区的承诺；星巴克中国大学成立，旨在帮助提升伙伴现有的学习与发展需求；公司还将额外拨款100万元人民币投入星巴克中国的星基金（TheCUPFund）。

2012年11月，星巴克首家咖啡大师门店在北京开业。

2012年12月，星巴克亚洲首个咖啡种植者支持中心在云南普洱正式落成。

2013年1月，星巴克进驻吉林省长春市，在欧亚卖场、红旗街万达广场、重庆路世纪鸿源开业。

2013年1月26日，星巴克入住江苏省泰州市姜堰区，成为泰州第四家，也是江苏省首家市辖区级星巴克连锁店。

2013年1月，星巴克进驻海南省海口市国贸玉沙京华城。

2013年2月，星巴克进驻山西省太原市茂业百货。

2013年6月，星巴克在鞍山开三家分店，分别位于乐都汇、百盛和胜利广场新玛特。

2013年7月19日，星巴克江苏省盐城市五洲店开业，当日赠送1000张消费券。盐城二店新世纪百货店也进入装修阶段，盐城三店也确定入驻盐城中南城。

2013年9月，星巴克进驻浙江省宁波市宁海县国购。

2013年11月，星巴克进驻广西，柳州步步高广场星巴克开业。